U0009483

LOCUS

LOCUS

catch

catch your eyes ; catch your heart ; catch your mind······

Catch 255

3500公里的相遇
一個女孩的朝聖之路

鴨寶　著

編輯　連翠茉
校對　呂佳真
美術設計　許慈力

出版者：大塊文化出版股份有限公司
105022 台北市南京東路四段 25 號 11 樓
www.locuspublishing.com
讀者服務專線：0800-006689
TEL：(02) 87123898　FAX：(02) 87123897
郵撥帳號：18955675
戶名：大塊文化出版股份有限公司
e-mail:locus@locuspublishing.com
法律顧問：董安丹律師、顧慕堯律師
版權所有　翻印必究
總經銷：大和書報圖書股份有限公司
地址：新北市新莊區五工五路 2 號
TEL：(02) 89902588 (代表號)　FAX：(02) 22901658

初版一刷：2020 年 6 月
定價：新台幣 380 元

ISBN　978-986-5406-80-6　　Printed in Taiwan

3500公里的相遇

一 個 女 孩 的 朝 聖 之 路

**ENCOUNTERS OVER
3,500 KILOMETERS**
ONE GIRL'S PILGRIMAGE

鴨寶 Hazel 著

我的朝聖之路

—

　　朝聖之路，近代又稱「聖雅各之路」，英文為 the way of St. James，西文則是 Camino de Santiago，是基督徒前往聖地——聖地亞哥德孔波斯特拉 (Santiago de Compostela) 的徒步路線。

　　該路線歷史已久，命名由來與耶穌的十二宗徒之一——雅各有關（英文 St. James，西文 Santiago）。根據典故，雅各殉道於西元一世紀，其弟子偷偷將他的遺體運至伊比利半島下葬。西元九世紀，眾人循著天空閃著異象的星光，找到了聖雅各的遺骸，希望將他的遺骨存放到聖地亞哥德孔波斯特拉的教堂，不料途中船隻翻覆，遺骸隨之沉入大海，直到某日，人們在聖地牙哥海邊發現，遺骸奇蹟似地被眾多扇貝保護，完好無缺。與此同時，基督徒與摩爾人之間的戰爭不斷，國王「夢的預言」（國王夢到聖雅各宣告幫教徒打贏戰爭）成真，教徒認為是聖雅各顯靈了，紛紛走出各自的家門長途跋涉至聖地亞哥德孔波斯特拉，以見證神蹟的降臨，自此開啟了朝聖之路。

　　二〇一九年三月四日至八月十六日，我的路線：

匈牙利
H u n g a r y

Via Pannonia
410 公里

2018. 10. 12
Nagyigmánd 差一点露宿教堂外，幸好到了 9:30 PM
終於有地方睡了 TAT、

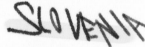

SLOVENIA

DOBROVNIK

2019. 03. 14
04. 18

!!

小紀念ㄥ隻
敬言察被言察捆档

→ 2018. 10. 09 – 10. 19 Camino Húngaro
→ 2019. 03. 04 – 03. 15 Via Pannonia

新泽

斯洛維尼亞
S l o v e n i a

!! 登山鞋進化

4.26
邂逅!熱心腸の老婦人
賞飯の巴 ♥

Blatna Brezovica ✕

SLOVEN

✕ Predjama
Castle

ITALY

✕
TRIESTE

Ogrska veja
Kobilje 至
Ljubljana，269 公里

Jakobova pot
Ljubljana 至
Trieste，126 公里

→ 2019.04.17 - 04.25 Prekmursko-
→ 2019.04.26 - 04.29 Primorska veja

義大利
Italy

Via Flavia
Trieste 至
Aquileia，74 公里

Via Postumia
Aquileia 至
Genova，940 公里

Via Della Costa
Genova 至
Menton，146 公里

Slovenia

到住後

il Brenta
打電話給教
法住宿的日暖

不會說英文
卻還是款待我的Walter
Musile di Piave

za
Tan 我上Maura
ra 聯絡Marco

帶我回家の
刺繡老師
Badoere

Aquileia
很喜歡此處心
世界遺產の
馬賽克地磚

nigo 住宿Get!!

Veronax

Venezie

走到
很狼狽
公川

為了目睹威尼斯
走到Portegrandi
特別搭公車趕過來

→ 2019.04.30 - 05.01 Via Flavia
→ 2019.05.02 - 05.31 Via Postumia
→ 2019.06.02 - 06.07 Via Della Costa

法國
France

→ 2019.06.08 - 06.19 Via
→ 2019.06.20 - 07.13 Via
→ 2019.07.14 - 07.16 GR
→ 2019.07.17 - 07.19 SJP

Fra

SJPP

Irún × Maubourguet
和raymond 說親

Spain

2019.07.16 in SJPP

終於來到這一天了!!

第一次的朝聖之路、SJPP是起點。
這次卻是轉折點、我以為會大哭
然而情緒冷靜著很多、看看那一大
群這裡才是他們的起點的朝
聖者、心情很像老人在看一群毛頭小孩

Via Aurelia
GR653A，Menton 至
Arles，385 公里

Via Tolosana
GR653，Arles 至
Oloron Sainte Marie，726 公里

GR78
Oloron Sainte Marie 至
SJPP，81.5 公里

Voie Nive-Bidassoa
STPP 至 Irún，75 公里

lia
osana

rún

Italy

Montagne Sainte-Victoire
塞尚眼中的山
e Provence
5品中

Saint-Gervais-sur-Mare
2019.06.28
熱浪來襲,氣溫↑40℃!!

Mandelieu-la-
Napoule
曾到過台灣的
Jean

Vence 像一尊路上
Raymond

南法的路頗沿著海岸
很美,但也很累 ◎ ㄟ/

ean de Fos

西班牙
S p a i n

Camino del Norte

Irún 至 Santiago de Compostela，820 公里

上
風景

喜歡看看這些小朋友
個個開心地往路裡跳

Pasaia

Spain

搭船過海感覺很拉風

Altamira

沒想到還能
碰上石器石代の
壁畫

Bilbao

Irún

終於有機會
可以親眼目睹
古根漢美術館

6

鼩鼱

鼴鼠

巴

麋鹿

Norte

看到這兩隻,內心真要有一點²興奮
因為第一次看到本尊⋯川

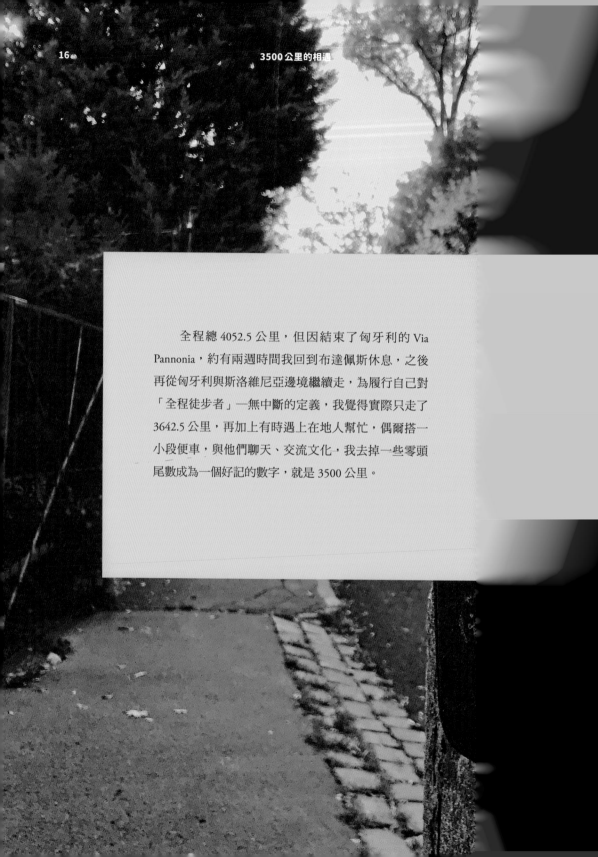

全程總 4052.5 公里，但因結束了匈牙利的 Via Pannonia，約有兩週時間我回到布達佩斯休息，之後再從匈牙利與斯洛維尼亞邊境繼續走，為履行自己對「全程徒步者」─無中斷的定義，我覺得實際只走了 3642.5 公里，再加上有時遇上在地人幫忙，偶爾搭一小段便車，與他們聊天、交流文化，我去掉一些零頭尾數成為一個好記的數字，就是 3500 公里。

序

也許只為了相遇

一

二〇二〇年三月二十日，台灣時間上午十一點四十四分，西班牙札拉哥沙（Zaragoza）清晨四點四十四分，冬季節約時差七小時，躺在西班牙租屋中、在床上翻來覆去的我，回想著二〇一九年走過的這一切，彷彿隔了一個世紀之久，猶如一場夢。

想想，分別同一天、不同年的我，二〇一九年的我正在密集準備接下來四個月的多國朝聖之路資料，另一個二〇二〇年的我卻是因為武漢肺炎的影響，全歐洲多國封城，剛度過在西班牙居家隔離、透過 Skype 與西文老師和同學學習。兩者相比，二〇二〇年的我就像是被關在籠裡的鳥，天吶！如果可以，很想拜託哆拉 A 夢開個任意門把我傳送回台灣！

記得那段期間，「為何想走這條路」似乎是每個人對我的好奇與開場白，至於機緣其實是生活中許多因緣際會的總和。

踏上朝聖之路，每個人總有自己出發的理由：對宗教的熱誠，對自我的試煉，對遠大夢想的渴望等，而我則是對自我的懷疑。

二〇一八年四月一日愚人節，這個眾人視為可以「合理」惡作劇的節日，意外看到一名動物溝通師侃侃而談心裡話，「軟爛太久會讓人失去自信以及站起來的能力」。當時的我正處於工作連連受挫的狀態，不是專案計畫得不到經費，原本三年約期的研究助理職臨時喊卡，再不然就是轉職登山用品領域，卻因為公司營運不佳，三個月期滿，接到

經理來電告知被迫離職的噩耗，接二連三的打擊讓我萬分沮喪，不知道還能做什麼，甚至不禁懷疑起自己的能力，因而這篇文章分享，彷彿為我燃起一盞燭光。

為了不想變成如她所說的「軟爛太久」，喜愛山林的我開始搜尋國外長程健行路線，希望透過這樣的旅程，好好沉澱思緒，從中尋找未來的方向。

朝聖之路並非一開始的首選，而是太平洋屋脊步道（Pacific Crest Trail）[1]，但檢視自己並未具備足夠的野外求生技能，連想像遇見棕熊、響尾蛇、山獅時的反應都腦袋一片空白，於是靠著網路、YouTube 得到了「世界前十大熱門健行路線」清單，最後選擇了朝聖之路，並在兩個禮拜內訂好機票和第一天的住宿，至於離開台灣後一路上會發生什麼事，就任由老天爺安排了。就這樣，二〇一八年四月，我背著背包，踏上了西班牙的法國之路（The French Way）。

走過朝聖之路，並不一定會帶來改變，但對我來說，這 930 公里的滿腔熱情、美好回憶與後座力，讓我回台後，迅速把握機會進行人生第一個也是最後一個打工度假，二〇一八年的九月誤打誤撞到了匈牙利，並一路將我推向這 3500 公里「歷史漫步」計畫。

這條路線還算很新，尤其是匈牙利與義大利境內，當從義大利路線籌畫者分享的訊息中得知自己是第一位完成的人，心裡仍舊覺得不太踏實，甚至該說是承受不起這個名號，總覺得應該還有其他人，只是沒被知道罷了。

四個月的漫漫長路，很難用三言兩語交代過去。出國在外，有人認真的做苦力，有人到處闖盪，而我一路下來，則終於明白每天出發朝地圖上那一點走去，原來只為了與一位陌生的朋友相遇，也為了與自己相遇，希望透過這些文字能好好傳遞這樣的心情，用圖畫讓讀者也「看」到當時我看到的風景；希望我 3500 公里的那些相遇一切平安；希望二〇二〇年春天，全世界為疫情被迫或自願節制移動的身心，隨著夏天來臨終於可以有出發的準備，Buen Camino ！

---

[1] 一條貫穿美國西部荒野、大致沿著內華達山脈及喀斯喀特山脈行走、全長 4286 公里（2663 英里）的健行路線。

Crazy Hazel

—

「如果去不了太平洋屋脊步道，歐洲是否有距離相近的路線可以讓我獨自完成，用雙腳體驗長程徒步健行究竟是什麼樣的感覺？」

二〇一八年九月，持著匈牙利打工度假簽證抵達布達佩斯（Budapest），我同時有了這樣的想法，並憑著腦海中的印象，進一步上網搜尋了從布達佩斯到奧地利沃爾夫施塔爾（Wolfsthal）的路線資訊，也就是「匈牙利朝聖之路（Camino Húngaro）」[2]，接著挑了十月，以兩週的時間一個人從布達佩斯出發，最後在沃爾夫施塔爾搭公車回到布達佩斯，小小試了試水溫。

這兩週的體驗，完全推翻了我之前在西班牙法國之路上的認知。當時是四、五月，並非路線旺季，因此除了第一天預訂了法國聖讓皮耶德波爾（Saint-Jean-Pied-de-Port）小鎮的住宿外，往後的每一天幾乎都是走完25至30公里後，下午一點左右才開始評估晚上應該到哪兒落腳休息，或是前一天晚上先大致看一下資料，決定明天下榻的城鎮，全然走到哪睡到哪，不做任何預定。而匈牙利獨行的這兩個禮拜，卻發現繼續這樣的模式是行不通的，因為朝聖之路在西班牙境內盛行多年，「朝聖」者踴躍，沿途住宿、商家遠比其他國家多上好幾倍，總的來說就是「非常商業化」。

一離開西班牙，以匈牙利為例，官方資訊上列出的住宿，實際到達後才發

---

2 從布達佩斯往西北行，連接至奧地利維也納，全長280公里，起點是布達佩斯塞切尼鏈橋（Széchenyi Lánchíd）旁的 0 公里白色石雕（0 kilométerk），地勢較為平緩。

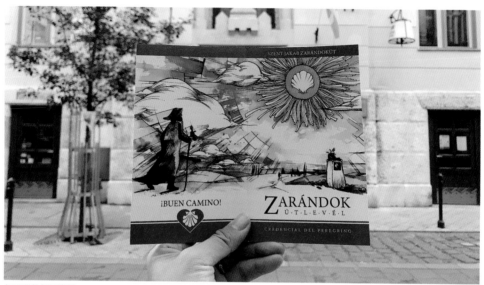

匈牙利的朝聖護照

現，若沒有事先預訂，完全沒有人在現
場，臨時打電話詢問，不是被拒絕，就
是需要等上一兩個小時，因為管理者往
往可能住在幾十公里遠之外，只在預約
當天過來開門與說明。

十月正值匈牙利的秋天，也是栗子成熟的季節，所以沿
路有很多掉落的栗子，讓我很猶豫要不要撿一些，拿到
住宿處用烤箱烤來吃

於是，一回到布達佩斯，我便上網
搜尋了更多資訊，拼湊出第一個健行方
案：從布達佩斯出發，往奧地利的維也
納（Vienna），再從奧地利東北方朝西
南移動，接瑞士、法國、西班牙，直達
聖地亞哥德孔波斯特拉。四月啟程，八
月結束。但有了雛形，卻面臨一項更嚴
峻的事實：錢！

奧地利、瑞士、法國這幾個國家，
都是高消費生活圈，我可能走到瑞士，
就差不多口袋見底了，沒辦法繼續走下
去。這時候，意外發現了一個臉書專頁
Piros kamásli，一名匈牙利人亞當（Écsi
Ádám）所建立，他已在二〇一七年從布

達佩斯徒步行經奧地利、瑞士、法國、西班牙，前往葡萄牙波多（Porto），全長共 4065 公里，我馬上私訊他詢問了詳情和細節，也進而得知了匈牙利境內一條名為 Via Pannonia 的新路線，連接布達佩斯與斯洛維尼亞（Slovenia）國界，是匈牙利國內近五年才成立的朝聖

此處的地景藝術介紹

Camino Húngaro 路線會經過奧地利、斯洛伐克、匈牙利三國交界處，這副桌椅就是一個很具代表性的象徵，三面各自代表不同的國家

路線，亞當同時還轉介了籌畫者法蘭克（Novotta Ferenc），讓我有更多管道可以諮詢。

　　一番重新規畫後，從布達佩斯經斯洛維尼亞、義大利、法國直到西班牙的路線，足以解決了我的費用分配問題，成了我第二也是最終的拍板定案 3。

一路步行在這些國家陌生的鄉鎮裡，發現自己異常顯眼，一個亞洲女生背著大背包，只管走個不停，很難不引起在地人注意，有的會主動與我搭訕，也有的甚至乾脆叫警察過來盤查我的證件。後者是我最不希望遇到的。也因此我都盡可能一看到當地居民，就朝對方點頭、打招呼，避免他們覺得我不太友善或鬼鬼祟祟的，這也是為什麼有些人會主動跟我聊天，而我也很享受看著他們這時候的表情變化。

一路都是吃西式餐點、麵包、水果等果腹，最後幾天看到中式餐館還是忍不住走進去吃了，很懷念米飯的味道

---

3 從匈牙利首都至法國、西班牙國界之間的路線，再從 SJPP 沿著庇里牛斯山北上至 Irún 接北方之路 Camino del Norte。

沿路都是大片、大片的金黃葉子，真的很美麗

清晨的匈牙利鄉村風景

　　我對自己的英文發音還滿有自信的，除非是不確定的單字，否則很少因為發音造成溝通上的誤會，可是每當他們聽到我想要徒步從斯洛維尼亞到西班牙時，每個人的反應都好有趣，甚至浮誇。例如啟程的第一天、剛踏入斯洛維尼亞，正巧遇上一位來到田野遛狗的女士，她一聽到我正打算從她居住的小鎮走到聖地亞哥德孔波斯特拉，瞬間瞪大雙眼直盯著我，伸手扶額，一邊念著：「Oh! My God!」讓我很不好意思的只能傻笑。

　　相較於亞洲人的含蓄（不過可能會被解讀為冷淡），這些外國人的反應在我眼裡，根本是誇張，張大嘴、瞪大眼、搖頭、扶額、拍臉頰，有些人還念念有詞不停喊著媽媽咪呀！尤其是義大利人……哈哈哈！但不論哪一種類型，對我的總結同樣都是「Crazy Hazel」！

　　哎呀……我知道我「可能」真的是瘋了，但比起太平洋屋脊步道的全程徒步者，還是小巫見大巫吧。

比手畫腳的國民外交

一

　　從二○一八年九月至隔年九月，這期間在歐洲，行經或住居的匈牙利、斯洛維尼亞、義大利、法國、西班牙，各有各的語言，我無法在短短一年內快速熟練到和當地人溝通，但也不想為自己找任何拒絕學習的藉口，因此，每到一個新的國家，我都盡可能學會當地簡易的招呼語，例如你好、謝謝、請……我是想，即使在台灣遇到旅遊的外國人向我問路，如果他／她開口的第一句話是：「你好！」「哩賀！」不僅會讓我驚喜萬分，停下腳步，也能順利卸下我的心防以及面臨需要說外文的害怕。

　　所以，在匈牙利打工度假期間，我透過 YouTube 教學影片，試著熟記匈牙利字母的發音以及生活中的常用句，並把所學用在 Camino Húngaro 或是 Via Pannonia 上。除了匈牙利，我同樣把一路會經過的國家常用字，記錄在手機記事本中，請、謝謝、對不起，尤其遇上需要水的時刻。但就算懂得不多，絞盡腦汁想讓對方明白需求的表現，卻意外的迎來更多驚喜與熱情。甚至時間久了，彷彿也能「通靈」般的心領神會，遇上熱情的民眾，這一來一往的對談簡直就是一場手舞足蹈的表演。

　　行走前，有幸與 Via Pannonia 的籌畫者法蘭克碰面，他告訴我小鎮境內或附近通常有一兩個地下水手壓抽水器，使用方式同台灣鄉鎮早期的汲水器，只要將把手往下壓，就可以取水，而且在匈牙利還可以直接飲用，不需煮沸，大大減輕了我的背負重量。只是仍會有找不到抽水器的時候。

在斯洛維尼亞的這一天，
因為附近有幼稚園，多了
好幾個小朋友跟在我身後

二○一九年三月，在 Via Pannonia
路上，行經巴拉頓湖（Balaton）朝斯洛
維尼亞與匈牙利國界，來到古托爾弗爾
代（Gutorfölde）小鎮，遍尋不著抽水
器，身上的飲用水所剩不多卻還有十公
里要走，就在我思考著是否前往餐廳

相當可口的麵包配水果

或酒吧要水時，有位站在家門口穿黑背
心、戴鴨舌帽與銀框眼鏡的老人，對著
我熱情的招手，說了一句相當簡單的德
語[4]：

「Wasser（水）？」

我當下開心的拚命點頭，立刻過街
與他打招呼。原以為他會進屋去幫我裝
水，沒想到竟然是邀請我一同進去。跟
在他身後，走道上迎面而來的是他老婆
一臉吃驚的表情（哎呀！真抱歉！沒想
要這樣嚇人），接著是從客廳裡暴衝出
來的小朋友與他媽媽害羞又尷尬的看著

4 匈牙利西部靠近國界的居民，母語除了匈牙利文外，因
靠近奧地利與斯洛維尼亞，還多了德文或斯洛維尼亞文。

送給老婦人的似顏繪

我，真讓人不知所措。

老人領著我來到客廳，不知道跟老婆說了些什麼，就從冰箱裡撈出三大瓶飲料：雪碧、百事可樂、氣泡水，要我挑選。溝通過程中，包括德文、匈文、英文交雜穿插，我又只會英文，和匈文的謝謝（Köszönöm）、是（Igen）、好（Jó）等基本單字，完全無法明白對方是想告訴我其中一瓶是氣泡水。有趣的是，只見他拿出紙筆寫下 CO_2，我馬上明白他想傳遞的訊息，開心的直說：

「Jó！Jó！Jó！」

不好意思叨擾太久，我一邊上下擺動雙手，一邊試圖讓老人明白我該上路

了：「Keep walking，Hernyék（海爾涅克）.」

或許他也擔心我不知道該怎麼走，於是繼續在紙上寫下抵達海爾涅克前會經過的小鎮名稱，我連忙拿出手機，顯示 App 中的離線地圖讓他知道我的規

招呼我進家裡吃東西的老婦人

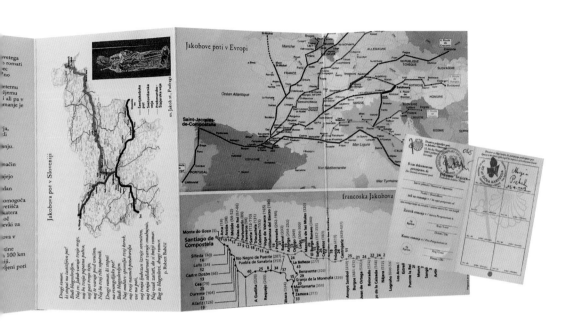

左｜斯洛維尼亞朝聖護照的內頁設計，因為我走的路線
　　很新，所以從地圖上可以看到還沒有被畫入
右｜護照蓋章處的設計

畫，他這才放心的領著我回到門外，祝
福我路上一切小心。

　　我很喜歡與當地人這樣的互動，尤
其是「要水喝」的起手式。過程包括一
開始的幾分鐘醞釀，先從背包裡抽出裝
水的水杯，再把「請、水、謝謝」幾個
單字在腦海裡溫習一遍，眼睛同時掃射
身旁附近是否有正在庭院中整理花草或
是站在家門口的村民，然後鼓起勇氣、
大步走向對方，面帶笑容地指著水杯，
讓他們明白我需要水喝。印象最深刻的

是走入斯洛維尼亞的布拉特娜（Blatna
Brezovica）小鎮那一回。

　　當時走得正渴，看見兩名老婦人在
家門口閒聊，便主動上前要水喝。老婦
人同樣招手叫我進屋裡去，還弄了一份
美味的麵包夾酪梨、水果餐點給我吃，
我感動得不知如何是好，立刻從背包裡
掏出速寫本和筆，及時為她畫了一張小
圖送她，她一看開心得大笑，樂不可支，
轉身拿來她的家族照片一一跟我介紹，
甚至還有一幅別人送給她的水彩肖像
畫。

　　同樣「與人互動」，也讓我深切感
受到自己走入西班牙前後的心態差異。

跨入西班牙國界、從斯洛維尼亞到法國聖讓皮耶德波爾前，一直都是一個人走，儘管心裡覺得孤單，卻反而是最容易「接地氣」的時候，每當有任何狀況發生或需要協助，小至詢問取水處、蓋章處，大到請求路人或酒吧店員幫我用當地語言打電話、運用沙發衝浪（Couchsurfing）到不同人家裡住宿等，我都得自己鼓起勇氣面對陌生人。一個人，視覺、聽覺、觸覺等近乎五感的雷達，一直處於「開機」狀態，絲毫無法鬆懈，也因為一個人，無論何時何地，與當地人建立關係的「我」，總是努力保持儀表整潔，避免被誤以為難民——一個面帶笑容主動的「我」、積極的「我」。

可是到了西班牙後，這種關係的建立模式改變了。每天面對來自世界各地川流不息的朝聖者，所謂的互動也僅僅是朝聖者與朝聖者之間。初次見面，我的開場白通常都是：「Hi! I am Hazel from Taiwan. How about you?」

尤其進入集結成群同進同出那期間，與當地人對話的機會變少了，作為一名健行者，我反而覺得自己比較像觀光客，看完當地風景、建築，用完美食就離開了，少了可留戀的人情味。

回頭看著一開始從斯洛維尼亞出發的自己，反而覺得有些陌生。

斯洛維尼亞的朝聖護照封面與路線簡圖

手繪圖
拉近距離

—

相較於第一次走法國之路 930 公里直至穆希亞（Muxía）的經驗，這趟 3500 公里的長程徒步，我背負的隨身物品少了很多（雖然背包的重量還是默默爬升到十二至十五公斤之間）。

在匈牙利期間，我第一次嘗試使用沙發衝浪。一開始，苦思著面對這些外國人，自己究竟怎樣才算「合宜的表現」？需要帶上伴手禮嗎？需要和他們天南地北的聊？還是……？不過，最後我還是背著大背包、兩手空空的出現在人家門口。

我發現遇有沙發主邀請共進晚餐，他們總會讓我品嘗當地的傳統食物，是一個可以開啟文化交流的好機會。所以，如果收到沙發主傳訊息問我有沒有什麼不吃的，我一概回覆：

「除了兔子，我什麼都吃，我不是素食者，也沒有食物過敏問題！」

到過歐洲旅行的人都知道，在某些國家，兔子和雞沒兩樣，同為日常飲食的食材，萬一我沒事先說清楚，屆時看到兔子腿出現在菜餚裡，就怕自己會直接吐在餐桌上。

我分別在陶陶（Tata）、巴拉頓爾馬迪（Balatonalmádi）、凱斯特海伊（Keszthely）接受三對情侶接待，而他們與我互動的方式各不相同。

陶陶的情侶是彼得（Peter）與康奇（Koncz），彼得下班早，所以我們約在湖邊碰頭，然後直接前往他們的住處。這天晚餐，彼得和康奇將自製的家鄉香腸和馬鈴薯一起烤熟搭配法國麵包，還讓我嘗了另一道傳統食物——豬肉起

匈牙利陶陶的彼得與康奇

給康奇的印度漢娜

彼得做的匈牙利傳統家常菜

司（Pork cheese，匈文 Disznósajt），作法是把豬頭、豬舌、豬心、豬耳和蹄子等絞碎，再混合大蒜、匈牙利辣椒粉、鹽和黑胡椒煮熟，塞入豬胃加以擠壓、燻製。餐後，我幫康奇在手腕畫了一個簡單的印度漢娜（Henna），以示感謝。巴拉頓爾馬迪的沙發主薩巴（Zsomba），則邀請了自己的朋友到家裡和我共進晚餐、玩桌遊，一邊互相比較了一下匈牙利跟台灣的食物，我還在他們家畫了一幅速寫。很可惜的是，凱斯特海伊的沙發主伊爾蒂蔻（Ildikó）因為較晚到家，以至於我們不僅沒有時間共進晚餐，甚至也沒什麼聊天、交流，早早休息了，而我隔天一早醒來，打了招呼就離開了。

上│出發前往斯洛維尼亞前，因為原有的旅行小夥伴不見了，所以自己手繪了一些，
　　但是發現紙張不夠硬，拍照的時候很容易被風吹摺，最後就放棄使用了
下│給沙發衝浪主人們的似顏繪小禮

我還是會鑽牛角尖的認為自己是位失禮的客人，即便嘴裡說著感謝，總感覺自己把對方家裡當免錢旅館，也擔憂對方同樣評價自己。偶然的靈光一閃，發現了手繪圖當見面禮這個點子，既可以聊表心意，也不用為主人的喜好費心，真要對爸媽心懷感激了，感謝他們不曾限制我接觸繪畫，成為我在歐洲這段期間的「謀生」技能。

結束 Via Pannonia 回到布達佩斯休息，我再次大量搜尋斯洛維尼亞的沙發主名單，甚至詢問了當地討論朝聖之路的臉書社群，兩週內便敲定了五處住宿。出發前，我利用沙發衝浪或臉書上這些接待我的外國人大頭照，先行畫好幾張圖收好在速寫畫袋裡。

與馬爾讓家族的復活節聚餐；斯洛維尼亞復活節的傳統餐點辣根醬、火腿、白煮蛋

四月二十一日，復活節，又稱主復活日，對盛行基督宗教的歐洲來說是個非常重要的節日。在斯洛維尼亞，這天會吃的傳統食物有辣根醬（Horseradish）、火腿、白煮蛋與波提察蛋糕（Potica）。這天，參考網站暫定的住宿在加爾都西會修道院（Žička kartuzija），但因為第一次使用該網站，沒有確認細節，以至於沒想到自己竟會是穿著涼鞋（至於為何穿涼鞋？這彩蛋待我在後頭的章節娓娓道來）千辛萬苦的來到修道院入口，好在發現這裡只是個觀光景點，與西班牙的教堂庇護所完全不一樣。碰上這種狀況，情急之下，我硬著頭皮向休息區的一對情侶求救，幸運的他們會說英文，更幸運的是還到過台灣，不僅幫我打電話確認下一個住宿點的床位，還幫我點了一杯熱咖啡與波提察蛋糕。我感激的立刻畫了一張似顏繪答謝他們。這通電話帶領我前往了馬爾讓（Marjan）的家。

送給馬爾讓的似顏繪

與幫我打電話給馬爾讓的情侶合照

在馬爾讓留言本上的插圖與二〇一九年的第一個留言

　　馬爾讓原來是一位獨居老先生，一個人安靜的生活在沃伊尼克（Vojnik）郊區，靠著畜牧維生，當我翻山越嶺，踩著沾滿泥沙的雙腳來到他家門口時，他和家族兄弟姐妹九個人，正因復活節聚在一起，我就像是一個突然亂入的外星人。

　　很感謝老天爺安排的這份驚喜，馬爾讓一家熱情招待我，不但沒有收取任何費用，還邀請我加入聚會，不斷勸進各式各樣傳統食物，還有一瓶瓶自家釀的紅酒、白酒。由於家族中的年輕成員會說英文，於是形成了一個用英文溝通、再用斯洛維尼亞文翻譯的談話狀態，過程中大家都很自在，即便無法和其他不會英文的長者深入對話，還是感覺得到與他們心靈相通。我也在馬爾讓的訪客留言本上畫了一些圖，且成了二〇一九年的第一位留言者，額外還畫了一張他個人專屬的似顏繪作為答謝，他也很開心意外的收到這份禮物。

Where's Taiwan

—

　　六、七年前,我的第一次背包客經驗獻給了德國。當年,一個人背著向朋友借來的大背包,以火車、公車、步行方式移動,由北到南,再由南到北繞了德國一圈,緊接著北上到丹麥,一個多月時間算是開了不少眼界,尤其是從德國漢堡(Hamburg)搭火車前往丹麥這一段,一整台火車開進渡輪船腹,車長走到每個車廂一一請乘客移身至甲板,改搭渡輪過海,銜接丹麥岸上的鐵路,然後再回到火車上繼續往哥本哈根(Copenhagen)。感覺很像在高雄搭旗津渡輪,只是這艘船大了好幾倍。

　　只是旅程到了第三週,這樣的觀光方式引來無法抑制的倦怠感,內心強烈的想回台灣,就好比每天粗茶淡飯,偶爾一頓大餐令人回味無窮,但換成每

天照三餐大魚大肉,久而久之也會食不下嚥。再者,利用交通快速往返,期間沒什麼開口說話的機會,即便在青年旅社,我還是安靜的那一位,以至於有時甚至一整天下來完全沒說任何一句話。回想起來,當年的旅行實在好自閉也好孤單啊!

　　二〇一八年接觸朝聖之路後,發現自己其實很喜歡用「走」的方式旅行。尤其西班牙已是我第二次踏上的國度,透過行走,彷彿也看到了西班牙的另一種樣貌,感覺自己的雙腳就猶如縫紉機的車針,慢慢的、縝密的在西班牙領土上,縫出屬於自己的一條路,也更能細細品味沿途風景。至於斯洛維尼亞、義大利、法國這三個國家,都是第一次造訪,但有了先前的經驗,雖然不如壯遊

般偉大，朝聖之路已更新了我觀看世界的方式。

不過，這段期間，也讓我深刻體會到台灣在歐洲人眼裡的渺小，即便在國際網站上填寫資料、選擇國家別時，也面臨只有 China 選項的心酸，就以沙發衝浪平台為例，台灣是被放在 Provinces of China 底下，即中國台灣。因此，每當在地人問我從哪裡來，而我回答台灣後，得到的反應往往不出以下這三種。

「Oh! Taiwan（喔！台灣）！」

遇到這樣的回答，我還是暗自再分為兩類，一是真的知道台灣在哪裡，認同台灣是一個獨立的國家，至少知道位置，只是不清楚台灣與中國的差別；另一則是嘴巴說著 Taiwan，腦袋想的卻是泰國？

「Oh! China（喔！中國）！」

換作這樣的回答，我會連忙說：「No! Taiwan! We are different（不！台灣！我們不一樣）！」而話題不是立即進到下一個，就是接著一連串討論與對話，我通常會運用護照與「網路」來舉例。二〇一九年台灣護照已經在多達一百多個國家和地區，享有免簽證旅遊，中國卻不到一百個，其次光是說到在中國無法使用 Google 與通訊軟體

What's App，他們就能馬上明白台灣的自由。

不過解釋歸解釋，當我拿出護照進行住宿登記時，護照封面上的 Republic of China 與 Taiwan，還是夠讓這些外國人困惑的。

「Oh! Thailand（喔！泰國）！」

嗯……我想，台灣跟泰國，你應該傻傻分不清楚，對吧？還是因為我曬得黑到發亮的皮膚，讓你真以為我是從泰國來的？

登山鞋不見了

—

四月十九日星期五，在斯洛維尼亞再度踏上朝聖之路前往普圖伊（Ptuj），沿途大都走在葡萄園的產業道路或柏油路上，相當平順，偶有上坡，也不至於氣喘如牛。

在柳托梅爾（Ljutomer）的一個岔路口，遇見兩位斯洛維尼亞帥哥伴著徐徐微風，一邊溜滑板車一邊欣賞眼前這片田園美景。意外有了說話的對象，聽他們熱心介紹這區域的風光以及盛產，也聊了我的健行計畫，甚至好奇詢問了台灣與中國之間的關係。臨別，看著我的大背包，他們還特別提醒，越靠近普圖伊，地勢越陡，果不其然，為防備復活節連假背著大量糧食的我，這段山路雖不至於走到哭爹喊娘，但由於第一週還在適應腳力與體能，仍然有些吃力。

在斯洛維尼亞柳托梅爾遇上外出踏青、溜滑板車的外國人們，還陪我走了一小段

上｜馬科萊前的沿路風景
下｜看著他們騎著滑板車離去的身影，很想叫他們留一台下來給我用

鞋底裂一半的登山鞋

掉了登山鞋後，穿著襪子配涼鞋繼續走著山路

　　腳上的登山鞋，早在朝聖之路前的二○一八年九月就陪我從台灣一路來到匈牙利，當時心裡已有在歐洲登山、健行的打算，防水材質，即使冬季下雪的布達佩斯，踩在積雪處也無妨，真覺得自己深謀遠慮。

　　在匈牙利境內的朝聖之路暖身了600多公里，也順便讓雙腳適應一下這雙鞋子。然而來到斯洛維尼亞的第一週，雙腳踩過水窪，便隱約感覺左腳鞋內有些微滲水的跡象，只是並未停下來檢查，直到過了普圖伊，休息時脫下鞋查看狀況，這才發現左腳的橡膠鞋底已經裂成一半了！天哪！怪不得會進水。眼看整趟行程才第一週，也只能踩著出了狀況的鞋繼續前行，盡量避開積水處，心裡則同時盤算著，若一路大晴天，或許就可以撐到大城市的迪卡儂買雙新的，怕就怕遇上下雨，左腳長時間悶在潮濕的鞋裡，不僅不舒服，味道也挺可怕的。

在馬科萊一間小教堂旁的
草地露營度過寒冷的一晚

去馬爾讓家走的路線

　　那個下午，距離當天的目的地馬
科萊（Makole），剩下不到十公里。雙
腳悶熱得可以，於是決定換上涼鞋配襪
子繼續里程，登山鞋就綁在背包兩側。
這雙涼鞋並非登山涼鞋，而是夜市一雙
二百九十九元的淑女涼鞋，鞋底平滑，
毫無抓地力可言，於是我就在一段下坡
的水泥路上，一個不小心滑了一跤。一
切發生得迅雷不及掩耳，不遠處一群外
國人正在看著，我一心只想趕快站起
來，離開現場，完全沒發現綁在背包上
的其中一隻登山鞋早已鬆脫掉了出去，

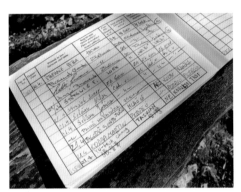

發現路線上有訪客簽名簿，在上面留下中文簽名

沿途看到的限速提醒標誌很有趣

直到進入馬科萊小鎮才察覺這個殘酷的事實，忍不住在心裡放聲尖叫：

「天吶！我怎麼會如此誇張又低能！我還沒有想要丟掉登山鞋啊！」於是，就這麼連兩天穿著襪子配涼鞋，一路從馬科萊到弗蘭斯科（Vransko）。

在馬科萊，完全憑一股傻勁進教堂詢問住宿地方，心想若沒有庇護所，至少我還有帳篷。實在太天真了！四月天的斯洛維尼亞，入了夜好冷啊！凌晨時分睡在教堂草地上的帳篷裡，冷得輾轉難眠，不停起身套上更多件衣服，頻頻看著手錶想知道還需要多久才天亮。好不容易熬到早上六點，打開帳篷只見蒲公英白花花的棉絮都結了一層霜，心都涼了。整裝完畢，打算將剩下的另一隻登山鞋丟到垃圾桶，才一個轉彎，發現幾乎全村的人不知什麼時候都到教堂來了！一個背著大背包的亞洲女生突然出現在路口，手上還拎著一隻登山鞋，荒謬度破表，當下真想就地掩埋自己，內心一再吶喊：「天吶！天吶！別看我這邊！別看我這邊！」

一直不希望自己看起來像個難民，

這天看到的標誌，是我看過最隱晦的，居然是貼在排水管的內側

但襪子配涼鞋的外觀，要讓人覺得我是個登山客恐怕天方夜譚。雖然搆不上專業，但多虧在台灣走過的山徑地勢種類不少，不管碎石坡、泥濘路，甚至需要手腳並用、拉繩而上的玉山東峰，累積的經驗告訴我什麼樣的地形需要什麼樣的步法，才不至於滑倒或扭到腳，因此即便穿著涼鞋，上、下山路還算遊刃有餘，只不過少了如登山鞋的保護與緩衝，走久了，石塊的反作用力難免造成腳底與腳踝的不適，或者被樹枝穿破襪

子傷到的情況。就這樣，我穿著涼鞋一路走到沃伊尼克的馬爾讓家，這位邀請我加入復活節家族聚會的和藹老人，又一路走到弗蘭斯科，旅程中第一位斯洛維尼亞沙發主阿諾德（Arnold）的家中⋯⋯阿諾德熱心的請他哥哥羅慕爾德（Romuald）隔天一早帶我去暢貨中心買了一雙新的登山鞋，羅慕爾德甚至還開車帶我回到路線上，陪我爬了一小段山路。雙腳的悲慘際遇總算畫下句點，謝天謝地！

隔天一早，阿諾德的哥哥羅慕爾德帶著我去暢貨中心買一雙新的登山鞋

阿諾德的老婆煮的晚餐，圖片中下方的沙拉很特別

買完鞋後，羅慕爾德還陪著我走了一小段路

從沙發衝浪網站上看著照片畫給阿諾德一家人的似顏繪，抵達他家後，他的大女兒特地拿來這張照片給我看

這天天氣不太好，潮濕又下了些雨，但意外看到不一樣的生物

雖然天氣不是很好，可是我很喜歡瀰漫著霧氣的山景

一天兩次
警察攔檢的成就

一

首次朝聖之路獻給了西班牙，這條路線來自世界各國的朝聖者太多了，當地人見怪不怪，不會有人想要叫警察攔下陌生人盤查證件，而我也因此天真的以為全歐洲都是如此，完全忽略二〇一五年前後歐洲難民潮帶來的影響，匈牙利政府亟欲阻止難民以及移民湧入，在一個從來不會有亞洲人行經的偏鄉小鎮，我顯然就是個具體而微的「難民」，即便自己每天想盡辦法維持乾乾淨淨的形象，甚至帶著登山杖，仍無法消弭在地人心中的疑惑和不安，以至於為我招來面對警察臨檢的窘境。

三月十四日，我正準備從匈牙利佐洛瓦爾（Zalavár）前往舍伊特爾（Söjtör），早晨走在小巴拉頓湖（Kis-Balaton）湖邊，霧氣飄散的湖面彷彿一幅水墨畫，兩旁結霜的綠葉與黃樹，一反先前沿途的蕭瑟和枯萎，頓時讓人心情大好，走起路來也更有精神，萬萬沒想到不出多久，前頭迎來了波麗士大人的臨檢。這個連雜貨店可能都沒有的小鎮，原來村民對我不僅毫無歡迎之意，更是不客氣。

一輛警車映入眼簾，一開始我沒有想太多，不覺得是為我而來的。他們停下車、下了車，朝著我走來，我不得

三月十四日一早小巴拉頓湖沿途的風景

不緊張了。幸好其中一位警察懂得一點英文，趁他檢查我的護照和匈牙利臨時居留證之際，我立刻打電話給 Via Pannonia 的籌畫者法蘭克，請他用匈牙利文幫我向警察說明。幾分鐘的等待，換來完美收場。警察先生臨走還跟我小聊了一下，似乎很想與我練習他正在學習的英文。

把我攔截下來兩次的斯洛維尼亞警察

從此，每當行經各國邊界總是戰戰兢兢，生怕一個誤會就中斷了我的健行計畫。不料，來到斯洛維尼亞真的就又遇上了，而且是一天之內被同一台警車攔檢兩次，我的老天鵝！

四月十八日，走在斯洛維尼亞的第二天。這天，可說是驚喜不斷，除了必須搭船渡河外，還遇到一位好心的老先生主動問我要不要喝水，還送了一顆蘋果讓我帶在身上，最後連他的家人都跑出來跟我聊天，原來家族有人因為結婚到台灣去了，台灣對他們來說一點也不陌生。但，其實這些驚喜之前，一進入杜布羅夫尼克（Dobrovnik）小鎮，馬上就有一輛警車到我面前停下來。兩名警察探出車外，請我拿出護照，二話不說，當然立刻放下背包，掏出所有證件，雙手奉上，又回答一些問題，原以為警報解除了，想不到往前才走了一、兩個小時，同一車警察再度攔下我，可笑的是傻傻的我瞬間還認不出來：

「我剛剛已經遇過你們同事，他們已經……」

警察笑著插進話來：「我們就是剛剛的警察！」

我的腦袋頓時湧出一連串問號：「現在到底是什麼狀況？難道我不能離開匈牙利嗎？台灣護照免簽國家包含斯洛維尼亞啊！怎麼回事？快點放我走啊！」

即便一百個不願意，我依然乖乖再度拿出證件。警察再度查看我的證件，甚至打電話回單位詢問，我在一旁生怕他們眼花看漏了什麼細節，誤以為我會來斯洛維尼亞胡作非為。

終於再度順利被放行，這時候的我只有心底暗自唱著：

「Let me go！Let me go …！」

露營？

一

四個月完全沒收入，對一個口袋不夠深的人來說非常難熬。這段期間，所有開銷總計新台幣七萬元左右，到底我是怎麼度過的呢？

平均每天大約花費新台幣六百元，其中包含住宿和伙食。因為一路都是用走的，所以省下了交通費，另外，我運用沙發衝浪或公立庇護所等資源以節省住宿費，這兩者都是我的優先選擇，也認為較符合朝聖者的身分，再下下策就是紮營了。只不過也並非都一帆風順，總有令人傻眼、生氣，沮喪到想掉淚的時候。

細數搭帳篷的次數，十根手指頭還算得出來。第一次紮營，在到達斯洛維尼亞的第一天，一處郊區田埂。當時因為無法確定下午四點過後的自己會在哪

裡，加上出發得晚，所以早有了紮營的心理準備，一邊走一邊注意著合適的地點。最後選擇的地方，放眼望去只有大片大片的田，以為自己應該遠離城鎮數公里了，沒想到才架好帳篷，回頭就看到一對正在散步的父女，尷尬的打了招呼，一面祈禱他們不會打電話邀請警察來關心一下。

這一晚，一直為忐忑不安而睡不著，帳篷外任何風吹草動都會提心吊膽，生怕有人就要掀開帳篷查看了……入夜後的低溫也讓人無法深深入眠。雖然這次遠行有備好充氣睡墊，卻不知哪一處接縫破了洞，不消多久就打回原形，而我整個人就直接躺在凹凸不平的泥地上似的，全身發涼，加上沒有外帳的帳篷，內側反潮嚴重，總之，整晚下

站在匈牙利與斯洛維尼亞國境交界處

每天背在身上的炊煮工具、水袋與糧食

來只有「災難」兩字可以形容。

回想這一路遇過的危險，好像都跟「人」脫不了關係，因此即使紮營，我還是會選擇遠離城鎮的山區，若還有溪流可以取水，再好不過了。或許諸多不便，我總是抱持樂觀，這一晚無法好眠，前後睡不到三小時，相信隔天就有溫暖的被窩等著我。幾次露營的經驗裡，四、五月算是最「冷」、最「慘」，到了義大利，狀況才逐漸好轉。

五月二十五日，一早的際遇彷彿預告著接下來的好運氣。這週，入夜後的溫度逐漸回暖至十五度左右，雖然住宿尚未確認，心裡還是有紮營的打算。

背著背包踏進齊亞諾皮亞琴蒂諾（Ziano Piacentino），準備將這兩天的糧食一次買齊。從店裡出來時，隔壁咖啡店前有一排正在悠閒享受陽光與咖啡的老人，其中一位老奶奶走向我，主動問我要不要喝杯咖啡，真是受寵若驚，

第一次的露營快冷死我了

也慶幸自己聽得懂咖啡的義大利文，當然馬上說好！喝咖啡期間，老人家們紛紛問我為什麼在這裡？正在做什麼？我拿起手機秀出地圖，向他們解釋自己正在長途健行，每個人聽完都對著我豎起大拇指。

我想這是老天爺給機會，因此縱使不會義大利文，我還是透過 Google 翻譯，想盡辦法讓大家知道我需要幫忙打一通電話，問問今天的目的地奇戈尼奧

我的「豪宅」

利用殘餘的磚瓦與木片替自己搭成一個備餐檯

拉（Cigognola）的教會是否可以讓我住宿一晚。儘管結果並不如願，但能和這群老人一起坐下來喝咖啡，已讓我倍感溫馨了。

採買完畢，收拾好背包繼續邁進。來到奇戈尼奧拉，穿過主要街道，為今晚露營裝好兩公升的用水，就在動身前往休息點時，天空漸漸為烏雲籠罩，甚至打起雷來。幸好我在身處的大片、大

片葡萄園中，看見前方不遠處有一間廢棄的小倉房。對！你沒看錯！是「廢棄」的！為何我可以如此肯定呢？因為它的四個牆壁，沒有一處完整，更別說「門」了。進到裡面，發現屋頂還會漏水，總之它只是一間充其量靠著殘存的磚瓦與木片，苟延殘喘讓自己看起來直立在土地上的屋舍。

不過，我依然很感動、感恩。終於

有一個可以遮蔽風雨的地方了。我把散落四處的木板拼在一起，當作臨時置物檯，隨手拿起現場一把連個柄都沒有的木耙，慢慢爬梳泥地，去掉大小不一的石塊，數十分鐘後，看著自己親手打造出來的「豪宅」，深深感到驕傲。這一晚，也是我搭帳篷以來，睡得最熟、最舒適的一晚。

運用現場廢棄的木耙整理一下搭帳處

五月二十九日的路況之一，爬坡路段不少

之後，接下來約莫兩週的時間，我頻繁的睡帳篷，而老天爺好像也都會賞我一些小驚喜。

五月二十九日，或許山區這幾天都在下雨，即便太陽出來了，陰暗處仍舊水氣瀰漫，山徑泥濘不堪，步道也是崎嶇不平，得利用登山杖邊走邊跳過水窪，像在撐竿跳，擦肩而過的蔓生樹叢更「潑」了我一身濕，猶如淋了一場大雨，相當狼狽。我就這樣來到加維

（Gavi）的教堂。和兩位正在聊天的婦人打了招呼，接著用盡所有學會的單字再加 Google 翻譯，讓她們明白我目前正在健行中。臨走，想在附近尋找取水處，卻遍尋不著，婦人看到了主動過來詢問，然後意外的直接帶著我來到教堂側門，按下門鈴，委實嚇到了我。我可不想單純要個水，卻驚動到教堂裡的人！

軟爛的泥土反而有機會看到不同動物的足跡

謝謝修女們的熱咖啡與三明治

門打開來，迎接我的是教堂修女的熱心腸，不單單倒水給我喝，還問我肚子餓不餓、要不要吃三明治？因為很不好意思，一開始我婉拒了，直到另一位又問了我一次，才大方答應了。幾分鐘後，擺在我眼前的是一杯熱氣騰騰的咖啡與夾著生菜、起司、火腿的三明治，好開心啊！離開時，她們還弄了一些麵包、三明治、香蕉，讓我帶著當午餐，也幫我詢問了沃爾塔焦（Voltaggio）的教堂，雖然依然沒有留宿的機會。修女最後留了她們的聯絡電話，以便我不時之需。

後來到了沃爾塔焦，我在遠離小鎮的一條溪流旁找到紮營地。乾淨的潺潺流水，可以讓我好好洗衣服、擦身體，還可以煮杯熱茶，靜靜喝著等待天色轉暗。

這一切辛不辛苦？我倒是覺得還好，可能因為先前在台灣爬山就和山友露營過了，這次只差是自己一個人。又或者比起在台灣工作時，週一到週五，每天進公司動輒八小時起跳，十二小時算常態，而主管還嫌不夠，眼前這樣的生活狀態，反而輕鬆許多，至少簡單多了，每天睜開眼就是整裝梳洗、吃早餐，緊接著30、40公里的健行，行程告一段落，還可以拿著速寫包到處走走晃晃，唯一要擔心的就只是食物和住宿問題。我覺得很幸福。

和自己的帳篷合照

趁著有太陽的時候，用溪水洗去衣服上的汗漬、擦澡，換上乾淨的衣服

迷魂記

一

相較於台灣的百岳或是其他山岳路徑，我覺得朝聖之路的危險性並不算高。唯一讓我感到困擾的是，沿途蔓生的植物和蜘蛛絲。有些人煙稀少的路段，雜草已不能再稱為「草」，應該接近是「樹」的等級了，有的高達一兩百公分，必須高舉手臂阻擋它們隨時朝我臉上襲來的葉子，另外則是拿起登山杖不斷在前方揮舞，掃除肉眼無法一目了然的蜘蛛絲，更可怕的是歐洲版的咬人貓，就算全身包得緊緊的，還是難免讓你時不時感覺刺癢。

雖說不危險，一個人走在山林裡，有時候心裡倒是會忍不住發毛。一個人一不小心跌傷了，或摔到哪個谷底去，可能要過好一陣子才會被發現。不知是否因為連走一個多月了，原本緊繃的神經漸漸開始疲乏，或者因為即將與義大利 Via Postumia 路線說再見，過於雀躍的關係，腳步跟著不穩，一到熱那亞（Genova）的這天，我就經歷了最慘的一次摔跤。

那是五月三十日，距離義大利熱那亞 30 公里左右的小鎮 Pietralavezzara。雖然明天才會抵達熱那亞，見到道路指標首次顯示 Genova 地名，心裡就已說不出的激動。這天是我健行以來的第四十四天，總算可以在清單上為義大利打上一個勾了。Pietralavezzara 的庇護所裡，接待我的是一對親切又可愛的老夫妻，幫我弄好午餐，介紹完住宿環境，離開前要我跟他們合照一張，因為我是蒞臨該鎮的第一個黑頭髮、黃皮膚的亞洲人，簡直是奇觀啊！甚至還交代我記

上｜沿途有不少倒木以及人類伐木的痕跡
下｜看到熱那亞 (Genova) 的地名出現很開心

得在留言簿上簽個名。

　　隔天醒來梳洗完畢，想到今天就可以抵達熱那亞了，無比興奮，在老夫妻交代的留言本上寫下二○一九年的第一個簽名後，起身出發了。只有郊遊的心情足以形容這天早上。很少自拍的我，花了不少時間替自己在步道上留下身影。兩三個小時後，我已在沃爾塔焦小鎮的教堂旁的涼椅上休息。

上｜管理Pietralavezzara庇護所的是一對很熱心的夫婦，他們說我是第一個來到這個小鎮的亞州人，所以想跟我合照一張
下｜在此處的留言與插圖

　　身後的民宅門開了，一位女士準備讓家裡的狗出來散步、曬太陽，我連忙起身微笑點頭。想不到她朝我走過來。

　　「&^&(*^$)*_*()+」

　　我攤著雙手傻笑的說了簡單的義大利語：「抱歉，不會義大利文。」

　　女士連忙轉身進屋裡去，再次出現時，手上多了餅乾與水果，讓我既驚訝又感動，利用有限的義大利文單字，想盡辦法表達我的感謝。帶著意外的喜悅繼續上路，原以為接下來也會是這樣好運的去到熱那亞。但是，我錯了。

　　進入熱那亞市區，需要先經過一大片郊區林道，就像台北市中心近處的擎天崗，但植被可不是草原，是成片的樹林，冬天剛過，層層疊疊的落葉遮蔽了原有的路徑，原以為即使稍微偏離幾公尺，應該也不至於大差錯，不料卻是迷魂記的開始！

　　在台灣登山，總會不斷聽到山友說：

　　「萬一不小心走錯路線，記得不要執迷不誤的往前走，一定要循原路回到錯誤的起點，否則容易置身未知的危險中。」

上｜迷路的過程裡，遺失了半根登山杖
下｜隔天前往熱那亞的路徑雜草叢生

而我正在犯下這樣的錯誤！且一個人！在外國！

當我意識到已經完全偏離正軌了，卻仗著自己有手機上的 GPS，以為只要循著方向前進，一定可以再次回到林道上，然而眼前盡是迎來成片成片的荊棘，以及踩點不明確的坡地，明明顯示在步道下方的數百公尺，但完全沒有回頭的餘地，因為想不起來自己到底是怎麼走到這裡了！

懊悔已來不及了，只能硬著頭皮撐起登山杖，使出吃奶力氣往上攀爬，以求重返正途。這時候要是有人看到我，大概會以為我是不小心摔到下方了，正

翻越樹叢的過程中，手掌也多處被荊棘割傷

MORE THAN THIS

總算抵達熱那亞，
正式結束 Via Postumia

在與命運之神搏鬥吧。一番掙扎中，登山杖不知何時掉了半截，手掌與衣服多處被荊棘劃破，連遮陽草帽也不翼而飛，損失慘重吶！

好不容易回到步道，或許精疲力竭了，步伐顯得有些搖晃無力，才跨出不到幾公尺就被一塊小石頭絆倒，整個人猛然往前彈飛，砰一聲，硬生生往地面撞去，跌個狗吃屎。猛力的撞擊似乎連我最後的一點力氣都耗盡了，爬也爬不起來，索性就地躺了下來，不知過了多久，才緩緩起身，拍拍身上的泥沙，繼續前行。

這天，真的累慘了！

上│越接近熱那亞市中心，沿途的指標彷彿在
　　告訴我剩下兩公里就結束了
下│從這裡走到西班牙的目的地還有 2180 公里

靠別人不如靠自己

一

著手規畫這四個月的朝聖計畫時，龐大的未知多少叫我覺得不安，特別是住宿。自從有了匈牙利的行前經驗，我明白不會再同西班牙那樣，可以走到哪睡到哪，不用擔心沒有床的光景了。因此，出發前努力爬了網路，原文、英文、中文三種版本的畫面同時開啟，不斷在三者之間切換比對內容，收集任何可能會用上的資料，並製作成 excel 表格或是下載檔案存在手機裡，以備不時之需。

行前也分別接觸了匈牙利與義大利的路線籌畫者。兩位先生對一個亞洲人，尤其來自非歐洲人都知道的台灣，居然有興趣走這條橫跨匈牙利與西班牙的朝聖之路，都表示相當興奮。畢竟這是一條很新的路線，幾年前才被歐洲朝聖之路納入版圖。他們熱心提供了各式

各樣的資訊，就連聯絡住宿都考量到我的語言狀況，願意幫忙每天打電話預訂。

雖然很感謝他們，但，相對的，有些情況就會變成不是你自己可以掌控了！

以三月的匈牙利 Via Pannonia 為例，我就沒辦法自由調整每天想走的里數，因為當時這條路線還在籌畫階段，並無任何官方住宿名單，儘管我有暫擬了一份，但最後是交由籌畫者法蘭克幫忙處理，以至於每次抵達的前一小時，我都必須打電話請法蘭克打電話給住宿的主人，不管教堂或是民宿。這麼一來，我想增加當天的行走距離，也必須和法蘭克討論，因為可能他已經幫我預定好了，任何變更，他也得致電對方。我只

為了怕在這天放假日餓到自己，提前買了很多食物背在身上

恨自己沒辦法直接用匈牙利文溝通。

　　不過，這樣的合作模式，在三月十五日發生了狀況。這天是匈牙利為慶祝一八四八年歐洲革命潮的國定假日，所有人都去放假了。

　　清早，我從舍伊特爾出發前往這天的目的地——海爾涅克。大約走完25公里，我在中午十二點半就到達海爾涅克鎮，方圓數公里內，只見幾間民房和農田，以及成群的牛、羊、馬，空

氣裡飄散著細微的水氣，又濕又冷。我按照法蘭克給的地址，卻遍尋不著住宿地點，打了電話給法蘭克又沒有任何回應，於是一個人在小鎮裡徘徊，引來家家戶戶的狗兒此起彼落的吠叫，有戶民宅大門打開了，一位先生走出來查看情況，我連忙尷尬的點頭致意，生怕重演警察臨檢事件。

　　對方用簡單的英文詢問：「需要幫忙嗎？」

我趕緊拿出手機，說：「我想要找這個地址。」

他看了資料隨即說：「上車吧！我帶你過去。」

轉瞬間，我們兩個人、兩隻狗就這麼坐上了車。下車後謝過對方，我便一個人按下大門門鈴，一邊忐忑不安。女主人走出來一臉疑惑的看著我，接著是一陣雞同鴨講。我決定請另一位匈牙利朋友幫忙。

「抱歉，休假期間還麻煩你。能否請你打這通電話，幫我問問對方位在哪裡，我想要確認今天的住宿。」

「沒問題！你等我一下。」

幾分鐘後⋯⋯

「我幫你問了，對方說他們不知道你是誰，但是今晚他們有住宿的客人。」

「那位住宿的客人是我嗎？」

「他們說不是你。」

「什麼？！」

這樣的衝擊，讓我一時之間真不知該如何反應。

「你還好嗎？法蘭克呢？你有聯絡他嗎？」

「我打電話了，但是沒有回應。」

「你需要幫忙嗎？我可以幫你找看看有沒有其他住宿。」

而就在這時，法蘭克回訊了：

「抱歉啊！昨天晚上有個趴踢，今天又放假，起床晚了。這小鎮我沒有聯繫，你還得繼續走到下一個城鎮才有地方睡。」

這樣無預警，又這樣輕描淡寫，一聽之下我的理智完全斷了線，一股沮喪、憤怒占滿胸口，甚至不爭氣的哭了出來。

「FxxK！什麼鬼？為什麼現在才告訴我？每天都在聯繫，為何不早說？現在只一句『抱歉啊！昨天有個趴踢⋯⋯你必須想辦法走到下一個地方睡』，這太誇張了！但我又能怪誰？我無法責怪任何人，這兩個禮拜畢竟每天都在麻煩別人，我只能怪自己太相信人，相信一切沒問題而沒有任何備案。早知道會變這樣，我一定提早做準備，無論住處、行走距離或其他。這裡偏偏不是西班牙的路線，沒太多選擇，我的匈牙利文又完全使不上力，該怎麼辦？」

一直以為隔天是我在這條路線上的最後一天，因此當下決定不走了。其實那一刻的我，已找不到任何繼續前行的意義和動力。為什麼？因為：

「我所有熱情都被這通電話完全澆熄了！」

　　或許這趟旅程假如不是我一個人
走，而是有另外的朝聖者，我一定會想
堅持下去，就算要多走 10 公里也沒關
係。何況這一路黯然蕭條的枯木、草原、
民宅，毫無大自然的生氣，越走越覺得
情緒低落，實在再找不到任何堅持的理
由了。原本四月由斯洛維尼亞一逕走到
西班牙，才是我希望完成的計畫啊。

　　以後，還是自己想辦法處理吧！

每天打RPG的徒步者

一

最先看到「全程徒步者」這個詞，是在收集太平洋屋脊步道時，從雪兒·史翠德（Cheryl Strayed）撰寫《那時候，我只剩下勇敢：一千一百哩太平洋屋脊步道尋回的人生》這本書上。二〇一八年四月，第一次踏上西班牙的法國之路，每天有遇不完的朝聖者，以及說不完的 Buen Camino，也因為自己主動，有了一群志同道合的夥伴，這樣的我們也堅持全程徒步、不郵寄背包、不預定任何住宿，嚮往成為真正的朝聖者。

二〇一八年十月，我一個人走在匈牙利的朝聖之路上，秋天的氣息盡收眼底，滿山楓紅、掉落一地的栗子與蘋果，美極了！唯一的遺憾是住宿地必須早在二至四天前就預訂，無法走到哪睡到哪。不過，不會匈牙利文，只靠

匈牙利秋天的沿途景致

神蹟與自以為是的第六感的我，一路上並不感到寂寞，或許美景，又或許是這一趟結束後就要回布達佩斯打工了，而非漫長的四個月，何況沒有遇到任何朝聖者，卻有不少機會與當地人有趣的互動。

在陶爾揚（Tarján），走進一家超市準備買牛奶，就在我邊看邊閒晃的時候，店家開口問我需要什麼。我並不懂得匈牙利文，完全憑著常理判斷，認為對方是這麼問的。於是我回答她一個牛奶的單字「Tej」，她一聽馬上邊說邊比手畫腳告訴我哪裡可以買到，我隨即迅速掏出手機，請她在 Google map 上輸入

店名，讓她明確的把訊息標示出來。

陶陶是我第一次嘗試沙發衝浪的地方。雖然前一晚有請當時下榻的旅館幫我打電話預訂，可是到了陶陶，對方卻說沒收到訊息，現場也沒有多餘的床位。窘迫的情況下，我靈機一動：「不如碰碰運氣找沙發衝浪吧！」真是萬幸，運氣還不錯，很快得到當地居民彼得的回覆，這一晚互動過程也很美好。

從納吉格曼德（Nagyigmánd）走向小貝爾（Kisbér）時，田埂的步道泥土鬆軟，甚至還要穿越高過自己好幾顆頭的玉米田，正當不知如何是好，停下腳步，一輛紅色小轎車也在我身後停下

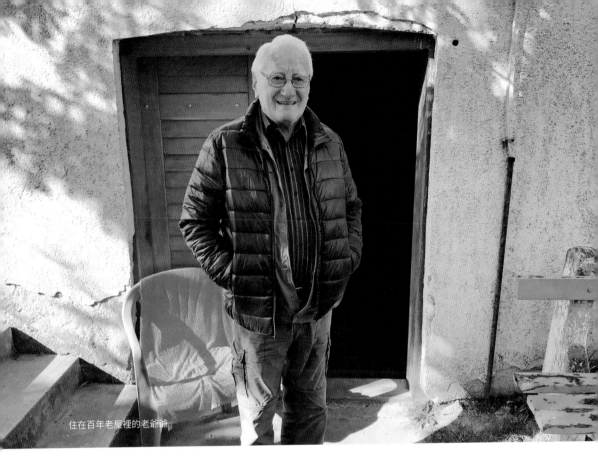

住在百年老屋裡的老爺爺

車。車上的大哥搖下車窗:「你要走去哪裡?」

顯示我的地圖,並指向前方:「Camino!」

「上車!我帶你過去!」

我趕緊揮動雙臂回覆:「沒關係,我可以用走的。」

他走下車,看著我的 GPS,說:「你應該走這一條路比較好走,這條路土太軟了……加油!」

我不禁笑著回他:「謝謝!謝謝!再見。」

這時候的我仍堅持著全程「走」透透,否則就是「作弊」。

這樣的信念繼續陪我走到了塔普(Táp),距離下一個目的地蓬農豪爾毛(Pannonhalma)還有 9 公里。一位老爺爺站在門口,笑著向我打招呼,一開始以為他說的是匈牙利文,所以我指著前方:「Camino!」令人震驚的是,接下來老爺爺用英文與我全程對話。

「來自越南嗎?」

「不是,台灣。」

「要不要進來喝一杯帕林卡酒(Palinka)?」

帕林卡酒,匈牙利的特色之一,酒精濃度大約高達數 10%,差不多就是台灣的高粱等級。原本有些猶豫,一來是

我的酒力有點弱，二來是我不確定這樣進到別人家裡喝酒是否安全？但順著直覺，還是接受了邀請。老爺爺看起來似乎平時是一個人住，看到我的出現很開心，才會如此熱情邀約。

進到屋裡，老爺爺順口說了：

「這棟房子是一九一二年建造，已經有百年歷史了。」

「哇！比我們都還老！」

接著他遞給我一小杯酒，說：「這是我用蘋果私釀的帕林卡酒，有50%的濃度。」

真是嚇呆了，平常我可以負荷的酒精濃度頂多啤酒罷了，而且等我一喝完，還來不及阻止，老爺爺又再倒好了一杯，我只好繼續喝。不知道是不是因此被誤以為很能喝，他居然問我：

「要不要來杯威士忌？」

我連忙揮手，「哈哈哈……夠了，我還得走到蓬農豪爾毛，真的非常感謝。」

這二杯帕林卡酒下肚，寒暄幾句，道別後的一個多小時裡，我的腳步輕飄飄的，走得搖搖晃晃，不得不小跑一段路，以免一個慢下來就跪倒在地了。

這幾次互動，讓我反覆思考一些問

題。這裡不是西班牙，兩個禮拜下來，一名朝聖者也沒有，一個人埋頭苦幹的走，宛如活在平行時空裡，這是我要的嗎？

我想繼續走的原因究竟是什麼？

回憶發生在法國之路上的點點滴滴，我最懷念的不是風景，而是那一群陪我走了三個星期、來自不同國家的朝聖朋友，現在的我一個人倒像在打RPG角色遊戲，必須和遊戲中穿插的角色進行對話，從他們身上獲得新任務、獎賞或是經驗值，例如我需要水喝，就必須想辦法找村民詢問，間或還有額外小禮物可以領。

但，這一切依然與「人」有關。

所以，3000多公里的漫漫長路，我決定改變自己的想法，打破原先既有的原則。雖然全程徒步依舊是我的堅持，但若有人主動停下來想要幫我，甚至讓我短程的搭便車，我都非常樂於接受，因為過程裡，常常會有出乎意料之外的對話，就像那個義大利女生，她竟然是想趁機練習說英文！

哈哈哈……好的！沒問題！就讓我這個亞洲人陪陪歐洲人練習英文對話吧！

不會法文 就只能犧牲?

—

　　二〇一九年六月，正式踏上法國領土，只不過頭兩天不斷在山區裡上上下下，讓我都要以為我永遠逃不了爬山的命運了。不同的是，其他朝聖者紛紛出現了，一開始還真不敢確信，很怕是一般登山客或當地居民，直到看到他們背包上的貝殼掛飾：「是的！就是你們了！」

　　雷蒙（Raymond）是我在這條路上遇到的第二位朝聖者，一位法國老爺爺，這一路讓我最窩心的人就是他了，但我想把雷蒙的故事留在後面再來好好的說。

　　越接近世界遺產亞爾（Arles）這個城市，朝聖者的身分越是多元，例如三人行的法國帥氣大叔，把菜籃車改裝了一下，放進登山杖等隨身物品，身上就

一個簡單的小背包，又或是來自德國想一路走到葡萄牙的年輕小哥……

　　在馬爾河畔的聖熱爾韋（Saint-Gervais-sur-Mare）小鎮，這天遇到前所未有的住宿人潮。昨晚從沙發主口中得知，今天會有 25 公里穿梭在丘陵裡，但最糟的不是這 25 公里的山路，而是沿途完全沒有汲水處，陡上的步道幾乎快要逼近山頂稜線後，便穿梭在四、五座丘陵之間，幸虧水有背夠，否則大熱天下真會渴到哭。

　　還有一個很不一樣的是，在法國，得到建築物外牆上標示「Mairie」的地方，也就是台灣所謂的鄉鎮市公所繳費，才能拿到庇護所的鑰匙入住。只不過這天，尋找的過程有點周折。我先依照網站搜尋到的資料前往庇護所位置，

三人行的法國帥氣大叔們，把菜籃車稍微改裝了一下，將登山杖等物品放進托籃裡，身上就是背著簡單的小背包行走

但遍尋不著正確的建築，在幾處不確定的住宅敲門或按下門鈴也得不到回應，決定再次回到街道上厚著臉皮詢問路人。

　　一家修車廠裡兩三名大漢，在我表明不太會法文但可以用英文溝通後，馬上推出一位會說一點點英文的人出來，解決了我的問題，讓我順利拿到鑰匙回到庇護所開門。原以為自己是這天唯一

從義大利走到法國，終於看到兩國之間的國界出現在眼前了

眼前這座山，就是長達 25 公里完全沒有任何取水處的山路

開始陸陸續續在路上看到有人熱心地把石頭排成箭頭，
指示出明確的步道方向

入住的朝聖者，想不到下午時分，接二連三進來一名法國老人、兩名法國女士，還有一對老爺爺老奶奶帶著孫子，好不熱鬧。會說一點英文的法國女士告訴我，明天將有熱浪來襲，白天氣溫將飆破攝氏 40 度，要我小心預防。原本打算隔天六點半才起床出發的我，立刻又繃緊神經。翌日一早，所有人幾乎四點半就起床，五點之後都已全數出發了。

左｜法國有些小鎮的庇護所，是要走到建築物外牆
　　上標示著「Mairie」，也就是我們台灣一般所
　　謂的鄉鎮市公所繳費、拿鑰匙，才有辦法入住
右｜人一多起來，反而第一次有機會和這些法國人
　　一起合煮晚餐

　　我已走了近兩個月，也早已習慣每天 30 公里，但這些法國人才走不到一週，和他們相比，我的雙腿自然肌肉強壯、結實很多，其次是他們的年紀，不是比我老就是比我小，所以當我中午十二點左右抵達庇護所，下午三點才看到他們出現。這兒便宜的庇護所十歐有找，但是床位有限，大都四到八張，扣除掉我，眼前這群法國人正好塞滿所有空間。我更羨慕他們能以在地語言打電話訂宿，不像自己還需要尋求協助，住宿問題逐漸成為困境。

　　雖然不再是一人獨行，但不會法文、床位又少的情況下，自己往往會是被犧牲的那一位，加上面對這群不論體力、年紀條件都比我弱的法國人，也只能選擇退讓。因而稍早來到阿古河畔的拉薩爾韋塔（La Salvetat-sur-Agout）小鎮，我心一橫，決定再多走 20 公里左右，抵達安格萊斯（Anglés），與這些

決定走上 40 公里左右與這些法國人分開的這天，一早離開小鎮時，有很美的晨霧與日出籠罩著整個小鎮

法國人拉開距離，唯有如此，我才能確保自己有床位，可以按照自己的步調繼續前行。

　　其實早已查好安格萊斯的住宿，只差打電話預訂，所以抵達阿古河畔拉薩爾韋塔小鎮前，路上遇到一位正要出門遛狗的年輕人，便開口請他幫忙。

　　「你好。講英文可以嗎？」

　　「沒問題，有什麼事嗎？」

　　「可以麻煩你幫我講一通法文電話嗎？我需要在這裡預定住宿，但我不會說法文。」

　　「好的，電話給我，順便說你的名字和抵達時間，我幫你轉達。」

　　幾分鐘後，住宿搞定了！總算可以放下心中一塊大石頭，繼續前進。

　　沒有再和這些法國人走在一起，當然可惜，因為少了與其他人互動的機會，但「食、衣、住、行」這些基本條件在這條窄路上，每個人只能先顧好自己的「住」，才有辦法繼續「行」。何況不會法文的我，與他們對話的內容也有限，也相信過了法國，還會遇到更多有趣的朝聖者。

有時在吃午餐的休息時間，會把鞋襪都脫掉，讓走了幾個小時的雙腳透個氣，順便讓太陽曬一曬襪子

在裸露的石道上,身上感受到的熱度更為明顯

沿途看到的里程碑，距離聖地牙哥還有 1366 公里，感覺距離目標更近了

同為他鄉人
的 Stef

——

　　和斯帝夫（Stef）的相遇，完全不在我的計畫上。

　　從來沒想過在不是沙發衝浪的情況下，因為和一位外國人在路邊聊天，就促成了一次住宿的機會。

　　遇到斯帝夫，是我來到斯洛維尼亞第一週，在位於普圖斯卡（Ptujska Gora）的一座教堂前。四月二十日，我的登山鞋底斷開鏈結的這一天，當我拖著疲憊的雙腿，一路上坡來到教堂前，放下十多公斤背包、脫下鞋子，休息一下，順便讓太陽與風帶走身上的汗水，這時斯帝夫正巧騎腳踏車經過，他停下來用流利的英文和我打招呼。

　　「你好，我是斯帝夫。」

　　「你好，我是 Hazel，來自台灣。」

　　「我是從比利時來的，我老婆是當地人，很高興看到同樣是外國人的人，感覺很親切，而且我去過中國不少次。你怎麼會在這裡？」

　　就這樣，我們打開了話匣子。我說明了自己為何在這裡，他也簡短自我介紹一番。斯帝夫的職業很特別，是名運動傷害的復健師，到過中國不同城市的奧林匹克訓練中心，矯正選手的運動傷害。聊著聊著，斯帝夫問我：

　　「你在盧布爾雅那（Ljubljana）的住宿已經找好了嗎？如果還沒的話，要不要來我們家，雖然不在路線上，但是我明天上班前可以帶妳回健行步道。」

　　「真的嗎？我還沒有決定住宿地點，按照我的計畫，四月二十五日會到達盧布爾雅那。」

　　「那太好了，時間上沒問題，我

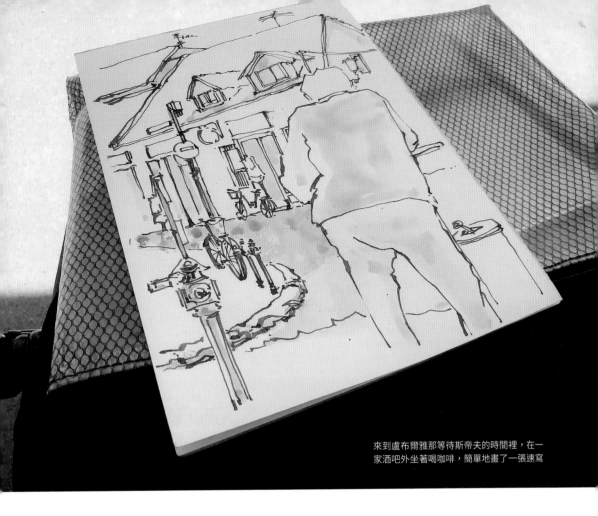

來到盧布爾雅那等待斯帝夫的時間裡，在一家酒吧外坐著喝咖啡，簡單地畫了一張速寫

們交換一下聯絡方式，這是我的手機號碼。」

「好！太感謝了！」

和斯帝夫道別後，再次見面便是五天後的事了。

四月二十五日下午，到達盧布爾雅那，深深感受到大城市的擁擠，加上這裡是著名觀光景點又是首都，讓我待不到一小時就想趕快逃離。與斯帝夫碰面後，先陪著他到朋友的工作室，這位朋友是有名的製琴師，經手製作的小提琴要價百萬起跳，聽說還上過電視專訪。

和斯帝夫碰面的這一天，其實還有另外一名外國人也在稍後沒多久來到教堂這裡，不僅和我聊天，還說要跟我合照，追蹤我的 FB

與斯帝夫全家人的合照，他的大兒子還特地跑回房間換衣服、打扮一下

斯帝夫開玩笑的說：「小心點！我們的命不比這些小提琴來得有價值。」

我好想拿出隨身的速寫簿畫下這一切，只是不好意思開口。稍晚，隨著斯帝夫回到他家，他的兩個小孩看到我顯得相當興奮，劈哩啪啦說著英文讓我有點招架不住，有趣的是接下來的交談多達四種語言以上。

晚餐時，斯帝夫和他老婆原本試圖向我談起熊的事情，因為斯洛維尼亞南半部的森林正是熊的分布區域，而盧布爾雅那恰好是分水嶺。我請他們放心，說出發前已做了相關的資料搜尋，他們這才爭相說著：

「喔！有時候，晚上可以聽到遠方森林裡傳出熊的叫聲。」

「我們牽著狗到森林裡散步，都得把牽繩牽好，免得狗跑掉了，引來一隻熊。」

「但是你不用擔心，我們從來沒有遇過熊。」

「你需要胡椒噴劑嗎？我們有，可以送給你防身。」

我不是很確定自己是否準備好進入熊區，但很高興有人可以這樣陪我說話，甚至還提供了溫暖的被窩讓我過夜。

Google翻譯建立的溝通橋梁

一

華特（Walter），是讓我永生難忘的義大利沙發主。

五月六日，這天可謂是義大利人情爆棚的一天啊！在連續淋了兩天的雨後，總算見到太陽了，大雨過後的空氣格外乾淨，連遠處的高山積雪都看得一清二楚。

行經一座只有雙向車道的陸橋時，我因為怕耽誤身後的行車，背起大背包小跑步快速通過，過了橋，眼前有一台紅色小轎車正準備路邊停靠，從車窗突然伸出一隻手揮動著。我心想：是在對我招手嗎？

一對年輕男女正坐在車裡，坐在駕駛座的女生開口說：

「你要去哪裡？需要幫忙嗎？」

我連忙拿出手機：「我要走到穆西萊迪皮亞韋（Musile di Piave），有順路嗎？」

「有啊！我們可以中途把你放下。上車吧！」

天啊！好久沒有搭便車了，超開心！

上了車，我說：

「抱歉！我身上都是汗味。」

五月六日這天的天氣很晴朗，部分路段走在腳踏車道上覺得滿輕鬆的，空氣乾淨到可以看見遠處積雪的山

邀請我到新家坐坐的義大利阿伯，我拿出了自己的炊具煮了一壺紅茶與他分享，同時還畫了一張似顏繪送給他

「沒關係。為什麼你會在這裡？你是日本人嗎？」

「不是，我來自台灣，正在走朝聖之路，從斯洛維尼亞到西班牙，在義大利這條路線叫作 Via Postumia。」

「哇喔！你之前有搭過便車嗎？」

「有，但是不多，因為整條路線我以『走』為優先，不過有人主動停下來要幫我的話，我接受幫助，因為這是老天爺賞給我的禮物。站在路邊尋求搭便車，就會變成是我要來的。」

「我因為之前有使用 Blablacar [5]，所以曾和陌生人一起共乘，也很好奇一個亞洲女生為什麼會背著大背包，一個人走在這裡。另外，我也想要練習一下我的英文對話。」

「哈哈哈哈，好的！沒問題！」

這一趟便車幫我省下一些行走的時間，讓我提早抵達了穆西萊迪皮亞韋。一個人坐在某座大樓旁靜靜看著電子書、曬太陽的同時，一位義大利阿伯走了過來，用他有限的英文跟我聊天，甚至還邀請我到他的新公寓坐一坐，心想，應該不會出什麼壞事，總比在外面

5 一個網路付費的共乘平台，司機可在線上發布他們行程中的閒置座位訊息，乘客依據他們的需求選擇共乘的方案。

吹冷風好……

　　跟在阿伯身後搭電梯上樓，這時才覺得自己還真是膽大包天，都不怕被陌生人綁票或關進某個黑暗的小房間裡。

　　阿伯很有趣，以前當過海軍，現在不管去哪旅遊，都習慣搭郵輪，坐飛機反而會暈，而目前是足球教練，還拿照片給我看。他的新公寓都還在裝修階段，也沒有任何家具，連牆上的磁磚都還放在地上。因為語言有限，光這樣坐著聊天、發呆也挺尷尬，我只好拿出背包裡瓦斯罐燒熱水、泡了紅茶請阿伯喝。他對我掏出的這些傢伙，感覺相當神奇，聽了我的走路計畫，更是不斷喊著：「媽媽咪呀！」臨別，我畫了一幅簡單的似顏繪送他作紀念。

　　隨後和華特碰面，感覺更妙了！先前和他的溝通都是透過簡訊，一直以為他會說英文，萬萬沒想到一看到我他馬上就說：

　　「沒有英文。」

　　「？」

　　他連忙在手機上打字：「我不會說英文。」

　　「喔喔！好！」

　　接著，他大手一揮，示意我上車。到了他家，所有互動全靠 Google 翻譯，

上｜隔天一早出發前與華特的合照
下｜送給華特的似顏繪

兩個人就這樣拿著手機，一有需要就輸入想說的話，讓 Google 翻譯完之後再拿給對方看，一來一往的過程實在太有趣了。

　　晚餐時間，華特帶我回到市中心吃比薩。我相當好奇為何英文都不會說的華特，卻知道使用沙發衝浪，甚至接待我這個義大利文不通的外國人。他在手機打了一堆文字，給我看：

前往華特家的沿途風景

　　「我喜歡旅遊，也喜歡幫助別人，但不是任何人我都會答應的！」

　　天吶！那我根本是華特萬中選一的客人啊！有一種中了頭彩的感覺，他連我明天在教堂的住宿，都幫忙聯絡好了，太感謝了！

巴多埃 Badoere
小鎮奇遇

—

　　五月八日，對我而言完全是神展開的一天！

　　由於前一天睡在義大利西萊河畔卡薩萊（Casale sul Sile）的教區，睡覺的地方是在個偌大的聚會空間，不少長桌與椅子，還有一個小型廚房。睡覺就是把椅子兩兩併在一起，排成比身高還長的位置，充氣睡墊和睡袋一擺，就是過夜的床鋪了。這也不是我第一次在義大利教區這樣睡，幸運的是，這裡的神職人員幫我打電話聯繫了隔天在巴多埃教區的人，讓我不用擔心接下來的住宿問題。

　　隔天，來到巴多埃小鎮的教堂辦公室，老半天都沒人接應，我只好先到旁邊的餐廳喝咖啡，再請餐廳服務員幫忙打電話聯繫，但依舊沒回應，就這樣到

了下午三點多。

　　當我再次站在辦公室門外，天空下著雨，正想請先前聽得懂英文的義大利朋友幫忙時，門突然開了，一位神職人員看著我，說著我不懂的義大利文，一陣混亂後，這位牧師總算明白我是來過夜的。他帶我來到一處室內，裡面有幾位女士，這位牧師朝她們說了一些話，

前往巴多埃小鎮的沿途風景

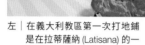

左｜在義大利教區第一次打地鋪
　　是在拉蒂薩納 (Latisana) 的一
　　所學校
右｜第二次在義大利教區打地鋪
　　則是在西萊河畔卡薩萊，在
　　一個偌大的聚會空間，內有
　　不少長桌與椅子，旁邊還有
　　一個小型的廚房，我把眼前
　　所有的椅子兩兩併在一起，
　　併出一排比我身高還長的空
　　間後，充氣睡墊跟睡袋一擺，
　　就是我今晚過夜的床鋪了

其中一位女士走了出來，用簡單的英文充當我和牧師之間的翻譯，並告知我注意事項。

就在這時，一位穿著綠衣的女士聽了我們的對話，突然開口說：

「如果她只是需要一個睡覺的地方，我可以帶她回家，她直接跟我回去就好了。」（這也是我透過那位懂英文的女士翻譯了解的。）

我感到既驚又喜，完全沒想過會有這樣的發展。達成共識後，兩位女士帶著我回到剛剛那個小房間，我才知道原來她們正在上刺繡課，而這位要帶我回家過夜的綠衣女士則是她們的老師。我就這樣安安靜靜坐在角落，一邊看著她們刺繡，一邊為她們畫速描，氣氛很微妙。

下了課，我坐上老師的車子回到她

的家，開心的洗了一個舒舒服服的熱水澡，還和老師以及她的先生晚餐時小聊了一下，但程度上大概就是用上一個一個我知道的義大利文單字，配上手機畫面。我也畫了一幅似顏繪作為答謝，一直到睡覺前都還覺得一切很不可思議。

　　呵……是的！我又被別人撿回家了！

眼前這位穿綠衣的女士，就是帶我回家的刺繡老師，當時我則一個人安靜地坐在教室角落等她下課

與 Cristian 的 超級任務

——

說到我和克里斯汀（Cristian）的超級任務，大概得從我們相遇的兩天前開始談起。

五月十日，當時我人還在布倫塔河畔的皮亞佐拉（Piazzola sul Brenta），住在曾為朝聖者的馬帝亞（Mattia）家中，他幫我打電話聯絡了洛尼戈（Lonigo）小鎮的教堂，希望他們能夠讓我留宿一晚，但回覆是住宿處有些問題，所以無法入住。

五月十一日，我來到了維辰札（Vicenza）的沙發主克里斯汀家裡。克里斯汀本身也愛戶外運動，尤其是騎腳踏車，所以我們分享了很多台灣與義大利的登山資訊與照片。他問我現在走的是哪一條路線，也想了解這一路在義大利會面臨到的地形，以及住宿問題。

當提到在洛尼戈和澤維奧（Zevio）這兩個小鎮我還找不到可以住宿的地方時，他馬上介紹了我 Warmshowers 網站與 App，這是一個為單車旅行者建立的平台，透過它們的地圖，使用者可獲得住宿協助，接待者的位置也比沙發衝浪準確很多。於是，我們立刻著手尋找洛尼戈的用戶，並輾轉聯繫上一名叫作莫拉（Maura）的女士，資料上有她的手

克里斯汀還讓我在他家的牆壁畫些圖案裝飾

機號碼，克里斯汀隨即幫我打了電話。

「你好，我是克里斯汀。我在 Warmshowers 上面看到你的聯絡資訊，我這邊有個台灣女生正在走朝聖之路，打算從斯洛維尼亞走到西班牙，因為在洛尼戈還沒有找到住宿，不知道明天你那邊是否方便讓她留宿一晚？」

可惜的是，莫拉隔天並不在鎮上。克里斯汀還特地幫我拍了張照片傳給莫拉，可能照片裡的我笑容很誠懇，莫拉竟然回覆：「我一定要幫她找到過夜的地方！」

克里斯汀說，如果你告訴別人你吃過 Polenta and baccala，那他們就會知道你到過維辰札，就像嘉義與雞肉飯畫上等號

上｜與克里斯汀的合照
下｜送給克里斯汀的似顏繪

接下來的發展，開始有點像早期綜藝節目《超級星期天》的阿亮尋人任務，就像這個單元主持人阿亮靠著手上不多的線索，抽絲剝繭幫節目來賓尋找他們多年不見的朋友、師長或是生命中的貴人，莫拉也開始幫我詢問她在洛尼戈的朋友，看看誰可以讓我待一晚。希望這一連串聯繫沒驚動到洛尼戈全鎮居民。最後，總算得到一位名叫馬可（Marco）的回應。馬可平時就在教堂裡幫忙，感謝他的熱心，很快的幫我在教堂爭取到一個床位，而且竟然就是當時拒絕我的教堂！老天爺！也太巧了吧！

劇情發展到這裡，讓我深刻體會到

「沒關係就是有關係，有關係就是沒關係」這個道理。對於這些義大利教會，我就是一個陌生人，他們沒見過，也不知道我是誰，即便是義大利人幫忙打電話詢問，他們也不敢貿然答應，但馬可是他們熟識的教友，所有疑惑都煙消雲散了。

這也讓我想起在法國之路上，一位澳洲的朝聖友人對我說的話：

「這是你的禮物，不需要覺得不好意思，就大方地接受吧！」

深深感謝這些義大利人給我的禮物，謝謝他們願意幫助一位既陌生又來自遙遠國度的外國人，這人情真的欠大了！

幫我牽線找到馬可(右)的莫拉(左)，在我離開洛尼戈之前，我還特地走到莫拉的店裡親自向她打個招呼、說聲感謝，並把我的似顏繪送給他們

阿伯，您別過來！

一

沙發衝浪成了我最常利用的平台，除了可以省下旅費外，也多了不少機會可以接觸當地人，交換彼此的文化。每當確定當晚是沙發衝浪，一早出發的心情就分外不同，彷彿準備走上 30 公里去遠方拜訪一位新朋友。只不過沙發衝浪上不確定的因素也很多，猶如在廟裡拜拜抽籤一般，你不知道會抽中哪一支，是大吉或者下下籤。

斯洛維尼亞之後的每個國家，遇到的沙發主大都很熱心，但也曾有過某位男沙發主回覆我：

「可以啊！可是我只有一張床，你必須跟我一起睡，可以嗎？」

面對這樣的回覆，也不算意外，把這平台當成一夜情或是交友軟體的大有人在，只是這些奇奇怪怪的狀況，居然都讓我在義大利遇到了，成了這一路與其他外國人聊天的話題。

六月三日，在義大利的最後一週。完成這天幾十公里的步行來到薩沃納（Savona），回味一路的風景，尤其是過了熱那亞之後，一個多月來的山丘、田野、鄉村，突然切換成寬闊的海洋，心情也隨之開朗不少。今晚依舊是沙發

過了義大利熱那亞後，行走的朝聖步道名為 Via Della Costa

Via Della Costa 是一條幾乎沿著海岸線行走的步道，所以沿途可以看到湛藍的海水樣貌

衝浪，由於薩沃納並非很大的城市，從沙灘到沙發主家也只要二十分鐘左右，看看距離碰面時間還早，索性換上比基尼到沙灘上放空一下。當地人熟練的從灘外石牆上取下加了鎖的沙灘椅，拿到太陽下做日光浴使用，簡直把這片沙灘當自家花園。

暫且叫這晚的沙發主阿伯吧。沙發衝浪平台上，阿伯的評價還不錯，雖然只有五個，可是都是好評。抵達之前就

從斯洛維尼亞走到快接近法國共計 1000 多公里時，鞋底前腳掌中央與後側外緣已被磨得差不多了

當步道行經某處廣場時，還可以看到民族風格帶著豐富色彩的圖騰，與先前的步道樣貌相比，感受很不一樣

在沙灘等待阿伯的時候，順便幫自己畫一下漢娜打發些時間

知道必須等到晚上九點半，阿伯下班才能碰面，因此我只好跑到沙灘來打發時間。但，阿伯突然來了簡訊，內容寫道：

「你下午六點左右有空先到我們約好的碰面地點嗎？我可以請朋友先拿鑰匙給你，這樣你就可以先到屋子裡休息。」

當然好啊！在沙灘發呆四、五個小時也夠久了。能提早放下背包、洗個澡，甚至趁還有陽光的時候洗洗衣服，怎麼會不好！

阿伯的朋友依約出現了，帶著我

到阿伯家，教我怎麼使用鑰匙，簡單介紹環境後就離開了。當時的我很感謝阿伯的信任，願意將家門鑰匙交給一個陌生人，都不怕我拿了啥值錢的東西落跑了。

阿伯家裡的格局很單純，一房一廳一衛，廚房與客廳並沒有明顯的區隔。我把背包放在客廳的沙發旁，以為這張沙發就是我今晚的床了，不料阿伯回到家，表示自己想在睡前看電視，所以把房間讓給我，自己睡沙發。

謝過阿伯，我把背包搬入房間，正打算出來向他報告自己明天預計幾點出門，以免吵醒睡在沙發上的他，不料我才剛踏出房門，立刻撞見已經全身脫到只剩一件短T，準備進浴室洗澡的阿伯，嚇得我旋即退後，一連串說著：抱歉！抱歉！抱歉！

「沒關係！」阿伯一說完，下一秒裸著下半身，大大方方的朝我走來，真快嚇死人了！我只好故作鎮定，眼睛只敢直盯著手機，快速交代了我的說明。短短兩分鐘的時間，猶如一個世紀之久，我眼角的餘光目睹了阿伯的陽具正在勃起，即便他沒有伸手碰我，仍深深感覺到精神上被強姦了！內心拚命尖叫。

「我的老天爺啊！」

回到房間，我快速鎖上房門，久久揮之不去的畫面直到隔天早上。阿伯如他所說的，一早六點半就出門工作了，我們也完全沒有再照面過。起床整理梳洗完畢，我也快速離開他的家。

整件事究竟算是故意還是意外呢？一直到現在我都還不敢跟爸媽說！

令人懷念的中文

一

　　六月四日一早，從薩沃納沿著海岸行經皮耶特拉利古雷（Pietra Ligure）小鎮，走著走著，突然被路邊坐在長椅上的一位大叔叫住：

　　「朝聖者嗎？」

　　「對！」

　　大叔指了指他店門口，原來門口貼著有朝聖之路的貝殼標誌。當下覺得很開心，好久、好久沒看到這個正式的標誌了。我向大叔說明正從哪裡走到哪裡，說得他一臉驚訝，還不忘問我有沒有任何需要，譬如食物或其他，最後獻上滿滿祝福與我說再見。

　　延續著這份溫馨，我準備去阿爾本加（Albenga）見我這晚的沙發主，楊（Yang）。

和在皮耶特拉利古雷把我叫住的大叔合照

想吃亞洲食物想到連吐司都加醬油

從薩沃納出發前往阿爾本加的沿途風景

楊是我在沙發衝浪上遇到的第一位亞洲人，來自中國。她在簡歷提到會說中文，但我還不是很確定是否能用中文和她交談，因為我們一開始的聯繫都是用英文，即使來到她家樓下了，我仍然緊張不安，直到和她面對那一刻。

「你說中文嗎？」

「對！」

「那我們來說中文吧！我好懷念中文啊！」

「哈哈哈哈哈，我也是！」

兩個女生笑開了，就這樣一邊嘰嘰喳喳說個沒完，一邊準備晚餐。感謝她的貼心，大概猜出我也會想念亞洲食物，特地煮了親子丼。我們分享著彼此的現況與背景。楊已經在義大利待了十多年，職業是小提琴修復師，我才知道修復師這一行，很多老前輩也都會留一手，不見得完全傳承給新一輩，而她原本待在某個工作室，就因為這個原因，沒辦法接觸更多不同的修復委託，所以

才決定和老公在家成立獨立工作室。楊很好奇我這一路沙發衝浪，有沒有遇過什麼奇怪的人？我立刻跟她分享昨天的露鳥阿伯事件，聽得她尖叫連連，我自己說著也還是全身起雞皮疙瘩，等到她老公回到家，我們又把故事重說一遍，想聽聽同為義大利人，他對這件事情的看法。楊的老公確實擔心了一下，但稍後又樂觀的解釋了這位阿伯的行徑。

「他應該就是那種喜歡在沙灘裸曬，不在乎他人眼光的老人吧！」

與楊和她丈夫的合照

最後一條救命繩

一

進入六月才第二週，沙發衝浪就接連發生狀況。繼上次在義大利遇上露鳥阿伯後，甚至更有讓我頭一次氣到哭出來的案例，好在跌落谷底的心情，又因意外的幫助，瞬間飛入天堂。

六月八日，踏上法國的第一天，我循著先前的住宿模式，前幾天就已開始尋找接下來這一週的沙發衝浪。兩天後的六月十日，來到了芒代利厄拉納普爾（Mandelieu-la-Napoule），這天是聖靈降臨日 (Lundi de Pentecôte)，又稱五旬節，復活節過後的第五十天，紀念耶穌復活差遣聖靈降臨而舉行的節日。歐洲人都放假，鎮上的商家仍然持續營業，只是提早休市。

我與晚上的沙發主碰面之前，透過訊息聯絡，得知對方今天依然需要工作，要到晚上九點半才能碰面。趁著等待的時間，我可以從容的到大賣場好好檢查一下自己的補給品。上次在迪卡儂買錯的瓦斯罐，卡榫對不上舊爐頭，已經靜靜的在背包裡躺了好多天，今天終於有機會到迪卡儂採購了。就在我快到迪卡儂的時候，久違的搭便車小確幸突然又降臨了。一位時髦又風情萬種的法國女生，開著紅色轎車停在我身旁。

「哈囉！你需要幫忙嗎？想要去哪裡？我可以順路帶你。」

「啊……謝謝你。我今天的目的地就是在這裡了。」

「你確定？真的不用客氣喔！」

「嗯嗯，真的，謝謝。」

「好的，祝你有個美好的一天喔！」

為何偏偏在這個時候，而不是我買完東西後才出現，也只能嘆息了。

面對物品架，苦惱著究竟應該花

前往芒代利厄拉納普爾的沿路風景

二十歐買一顆新爐頭，好配這罐買錯的瓦斯罐，還是花八歐買一罐全新的瓦斯罐？一番掙扎後，最後決定買一顆新的爐頭，畢竟舊爐頭的開關控制閥已經鬆脫，不太好使用了，這罐買錯的瓦斯罐也不知道該背到何年何月，也不好直接丟進垃圾桶，萬一爆炸造成任何傷害，我可罪過了。（結果一個月後，來到西班牙遇上一名法國小帥哥，他看了我迪卡儂爐頭，說這個爐頭只有在法國才買得到，而且只符合法國迪卡儂銷售的瓦斯罐。感謝他的提醒啊……唉！）

　　在迪卡儂補完貨，忽然想要找一下新的健行小夥伴，也就是每次拍照都會被我一起放在照片裡的公仔。就在從 A 超市晃到 B 超市，再從 B 超市晃到 C 超市時，超市警衛突然攔下我。自斯洛維尼亞出發到現在，經過義大利、法國這幾個國家的邊界，都輕輕鬆鬆像逛大街一樣走過，萬萬想不到竟會是在超市被警衛攔下了。終究順利過關，也可以理解法國近幾年接二連三遭受恐怖攻

擊，任何可疑的人、事、物寧可小心謹慎。

終於到了與沙發主碰面的時間，其實早在下午我就已經先傳了訊息給對方，讓他知道我已到達附近，提早見面的話也可隨時跟我說。然而就在我準備走向沙發主家時，卻突然收到沙發衝浪取消的通知，接著幾分鐘後對方傳來了訊息：

「抱歉，我要到半夜才能夠到家。」

措辭簡短，完全沒有多餘解釋。我的理智再度斷線！真的氣炸了！當下很想回他「fuck」。我才不相信下午傳給對方的訊息，他會沒收到，真必須工作到半夜，那一開始就說清楚，甚至不要接受洽詢。我懷疑對方一定是想跟朋友出去玩，以至於沒辦法趕回家。這個城鎮的住宿費一晚接近一百歐元，但天已黑，即使想往前繼續走，尋找紮營地點也不可能了，無路可退，我都急哭了。

一個人坐在人群散去的商場通道上大哭，四周燈光一盞一盞熄滅，只剩下我頭上那一盞，就像舞台上的聚光燈，讓我的窘境更顯得淒涼。

哭歸哭，還是得想辦法度過這晚，我硬著頭皮打電話給兩天前的沙發主喬爾（Joël）尋求救助，記得到芒代利厄拉納普爾之前，他說過他的朋友基恩（Jean）就住在這兒。

我哭著打電話給喬爾：「抱歉，我是 Hazel。我今天晚上的住宿出了狀況，先前的沙發衝浪臨時取消了，但我現在沒地方可以過夜，請問方便幫我詢問一下你的朋友嗎？」

「怎麼了？發生了什麼事？」

「我也不知道，對方什麼解釋都沒有就突然取消了。」

「你等我一下，我現在打電話給他，問問看他今天晚上方不方便。」

「好！好！非常感謝。」

幾分鐘後：「這是基恩的聯絡方式，你跟他聯絡一下。」

「謝謝！謝謝！真的非常感謝！」

「我的榮幸。」

接著，我立刻傳訊息給基恩，也把我的位置分享給他。

「你好，我是 Hazel，喬爾請我跟你聯繫。」

「嗨！你好，你是在 XXX 超市那邊嗎？」

「對，我現在在門口。」

「好！你等我一下，十分鐘。」

「好的！好的！謝謝你的幫忙。」

不到十分鐘，基恩開車就火速出現

在眼前，我忍不住眼淚再度飆出來，他則不斷地安慰我：「沒事了！沒事了！」

來到他家，一打開門，竟然就看到釘在牆上的台灣國旗和旅遊書，讓我相當驚訝，原來幾年前他一個人到過台灣旅遊，當時也在台灣得到不少幫助，真謝謝當時幫助過基恩的台灣人，這是一個意義深遠的因果循環，就像一位我在義大利的沙發主羅倫佐（Lorenzo），他一句英文都不會說，我不禁好奇問他為什麼要接待我，他說：

「因為我曾經看過一本書，作者描述他年輕的時候，利用沙發衝浪到處旅遊，我想我也可以透過這樣的方式接待與認識其他人。」

你永遠不知道自己會在什麼時候，成為一盞照亮別人道路的燭光。

上｜在基恩家看到台灣國旗還有台灣相關的旅遊書，感覺很微妙也很興奮
下｜與基恩的合照

路邊聊天獲得的住宿

一

羅伯特（Robert），是一位來自奧地利的老人，定居南法。六月十二日，當我滿身大汗，又累又渴正在某個山頭的大樹下休息時，他正好緩緩騎著腳踏車也來準備休憩。我向他點頭致意。

「#$%$%&。」（一連串法文聽得我一頭霧水。）

「抱歉，不會法文。」

「英文可以嗎？你好，我是羅伯特」

「哈哈哈……可以可以！你好，我是 Hazel，來自台灣。」

「你怎麼會跑來這裡？」

我和羅伯特開啟了對話，聊著為何我在這裡、我打算去何處等等。原來他也有法國、西班牙的朝聖之路經驗。最後問到我的法國住宿都怎麼找，我表示大都先找沙發衝浪，其次才是教區或官方庇護所，不然就露營。

「那你今天住哪裡？已經找好了嗎？」

「我預計走到聖拉斐爾（Saint-Raphaël），只是住宿地點還沒確定，應該又是露營了。」

「喔！我家就住在這附近（指著地圖），算是聖拉斐爾一帶，不介意的話，要不要到我家待一晚，不過我要先問一下我老婆。」

「好啊！當然，我很樂意。」

說完，羅伯特打電話回家，幾分鐘後：「沒問題，我老婆也很歡迎！那我先給你電話，你到了之後，再跟我說你在哪裡。」

「好！晚點見。」

瞬間，我的路邊談話獲得住宿的經驗值又攻下一城了，讓我忍不住在往聖拉斐爾的山路上，開心的對著天空大喊：

「謝謝！」

始終一臉和藹笑容的羅伯特就像個耶誕老人，他的老婆是一名金工藝術家，不僅開課教學，家裡還有一個小小工作室。兩人親切的招呼，讓我很感謝這份緣分，原本打算隔天繼續前行的計畫，也因為羅伯特的提議，讓我心動地決定休息一天。法國南部這些山路真的是累壞我了。離開的當天，羅伯特一早直接帶我回到洛爾格（Lorgues）的路線上。

在羅伯特家，感覺很像打工換宿，我幫他們整理、打掃游泳池，換來美味的食物、酒、溫暖的床與熱水澡，是我的禮物，好開心吶！羅伯特自己也很熱衷於健行和腳踏車，手邊一堆地圖資源，不但替我解決了法國境內的路線問題，還一起討論了如何從法國接到西班牙的北方之路。他還送了一本法國朝聖之路的路線地圖給我，更用小紙條貼心的記下我這一路可能用上的法文，我把它夾在手機的透明背板裡，以備不時之需。

「結束這趟健行後，你有什麼打算嗎？」

「嗯……我在匈牙利打工度假的時候，遇到一個台灣女生在匈牙利設計公司上班，我們討論到關於國外工作，她教我怎麼準備作品集、面試、找工作等等。」

當羅伯特和他老婆正在準備晚餐時，
我在旁邊畫下他們做飯的樣子

和藹可親的羅伯特與他收集的地圖寶庫

「那你要一直待在匈牙利嗎？」

「我不知道，但布達佩斯現在是我
很熟悉的一個城市。」

「會想回台灣工作嗎？」

「會，但也很猶豫台灣的工時，以
我曾經的設計師工作經驗來說，每天必
須面對電腦作業長達八小時以上，甚至
有時十二小時，但主管還認為不夠。經
過在歐洲的這段時間，我可能回了台灣
會很不適應，何況也快一年了，感覺快
要跟這個領域脫節了。」

「要在國外工作，那老後的打算

羅伯特的老婆弄著飯後甜點中

吃著他們弄的甜點，雖然只是簡單
的焦糖冰淇淋，卻讓我覺得他們很
懂得享受生活的每一個細節

呢？在台灣？還是國外？你在國外有保
險或其他社會福利嗎？」

　　一連串提問與對話，似乎有點打醒
了我的美夢。確實，我只想到近幾年可
能的工作模式，卻忽略了老年時一一浮
現的現實問題，羅伯特與他老婆想必有
一套完善的規畫，才下定決心從奧地利
搬到南法來定居，說不定還仔細研究過
法國的各種社會福利。

　　我不禁慌張的問自己：那你呢？做
好準備面對未來這一切了嗎？

令人口水直流的美味佳餚

35歐元的
西淋淋經驗

六月中旬，法國白天的氣候熱到無以復加，小腿肚都快曬傷了，何況兩週後還有未知的熱浪等著我。每天走完都覺得自己汗味好重，所以只要休息時間與住宿環境允許，我都會把背包清空，好好刷洗一下，否則就算有乾淨的襯衫穿，背包上一乾又乾的汗漬仍舊會殘留在洗好的衣物上，時間久了，味道越明顯，我可不想這樣一身進到別人家裡啊！說起三十五歐元住宿費的來龍去脈，一直到現在都還不知道算是被當地人坑了，還是自己語言溝通上的誤會。

我在抵達沙龍普羅旺斯（Salon-de-Provence）之前，透過搜尋到的網路資料，發現該路線上也有類似義大利的接待住宿家庭，文件上也白紙黑字寫了「住宿免費」，當時我試著一一聯繫這些住宿，由於不會說法文，過程我都是透過 What's App 分別傳了法文與英文的訊息給對方。六月十五日來到聖馬克西曼拉桑特博默（Saint-Maximin-la-Sainte-Baume）的沙發主家，恰好收到一封簡

來到聖馬克西曼拉桑特博默後，沙發主帶我到當地另一處秘境玩水

訊：「如果你想要在沙龍普羅旺斯住宿，請聯絡……」

　　這是我兩天後會抵達的城鎮，當時試著跟對方聯繫，但礙於語言，沒辦法很順利，因此到了聖馬克西曼拉桑特博默的沙發主家，我請女主人幫我聯繫對方，也先讓她看我手上的文件。透過她的電話，總算敲定了，便開心的和她一起出門踏青玩水。

　　兩天後，當我頂著大太陽，終於

好不容易來到沙龍普羅旺斯，住宿的男主人還特地開車出來接應我，覺得很感激。這一家真是讓我開了眼界，屋裡擁有不少著名藝術家的版畫收藏，諸如畢卡索、達利、米羅等。偌大的房子裡，只有兩老住著，子女都到外地念書了，我睡的便是他們女兒的房間。

　　但，豪宅、美食、泳池，一切美好隨著夜晚畫下句點。為了避開炎熱的日曬，隔天一早我五點半就起床，吃了

前往沙龍普羅旺斯的沿路風景，雖然看起來萬里晴空，但對我來說卻是炎熱到走起來有點痛苦

沙發主家中的貓咪相當親人

早餐、整理裝備，準備六點半動身。就在我背好背包，謝過主人，走向大門之際，主人忽然拿出一張紙，指著上頭「35 €」，開口跟我索取費用。我的腦袋頓時一片空白，一下子不知道要如何反應。最後，我乖乖的將三十五歐元給了對方，原本還處於愛睏的狀態，瞬間醒了，內心吶喊著：

「老天爺鵝……這可以到超市買七隻烤全雞了！早知道要付這筆錢，我應該把早餐所有起士全都塞進肚子裡！」

一頭霧水的我忍不住傳訊詢問兩天前幫我打電話的沙發主，想要搞清楚這是怎麼一回事，她幫我聯繫這件事情，

在 35 歐元的住宿家中，遇見米羅與畢卡索的版畫，算是開了另一種眼界

應該清楚經過。女主人得知我的遭遇後，打電話詢問對方，明明明文規定免費的，不料得到對方很不友善的回應，她甚至用「暴力」來形容。

「世界上總是有某些壞人存在，我頂多只能幫你寫信告知相關單位，讓他們知道有這樣的事情。」

看到她的回覆，心想，好吧！也不要太麻煩到別人，就到此為止吧！至少讓其他人不會有跟我一樣的遭遇。

不久，那對夫婦來了訊息：「看你是要選擇繼續走還是停下來，你的沙發主沒辦法幫你什麼的！」

唉……真是好善良的一家人啊！

這天在她家的晚餐是 BBQ，把烤好的雞肉跟香腸包在薄餅裡配著吃

七十歲的阿嬤朝聖者

—

從時不時下雨的四月走到曬到發燙的五月，從四周環陸的匈牙利走到半環海的義大利，這條朝聖之路上，一直都是我一個人，總期待哪一天會遇上同伴，而這一天就發生在義大利維羅納（Verona）的世界遺產聖柴諾聖殿（Basilica di San Zeno Maggiore）。我遇上了第一位朝聖者，而且是一位遠從尼德蘭一路前往羅馬（Rome）的七十歲阿嬤，她瞬間擠掉我對維羅納世界遺產的記錄排名，成為我的今日頭條！

五月十四日，在與今晚的沙發主碰面之前，我想先在維羅納這座城市裡閒晃。早在抵達之前，我就已查好維羅納各處的世界遺產。儘管每天背著背包走路有些辛苦，但假若體力、心情還允許，我都會花點時間到處走走看看，曾經衝

動的搭上公車，到路線之外的義大利水都威尼斯（Venice），但很失望的，到處滿滿的人潮。根據經驗，舉凡著名景點無一幸免。

忽然有個念頭興起，我打開沙發衝浪平台，想看看是否有同在此地的旅者，也許可以一起走走，順便解一下我想要說話的渴望。意外的，是一名目前正在休假的義大利當地警察，

而且英文說得比我還流利。後來，他不
僅充當起我的導遊，還推薦了他個人
的口袋清單。告別後，我一個人從羅
馬帝國時期建造的維羅納圓形競技場
（Verona Arena）走到莎士比亞《羅密
歐與茱麗葉》劇中的茱麗葉故居（Casa
di Giulietta），踮起腳尖越過重重人牆
快速拍完照後，回到路旁重新翻看手機
上的地圖，逐一畫掉拜訪過的景點，繼
續走完剩餘的如曾為數百名年輕人和
大學生聚會地點的領主廣場（Piazza del
Signoria）、但丁雕像（Statua di Dante

與尼德蘭阿嬤的合照

Alighieri)、市政會涼廊（Loggia del Consiglio）、在中世紀叱咤一時的史卡立傑利家族的陵寢（Scaliger Tombs）等，最後信步來到聖柴諾聖殿，打算看完這座教堂，直接找家咖啡店曬曬太陽放空，一邊等待今晚的沙發主。

就在我從教堂走到廣場時，一位背著紅色大背包的老奶奶從我面前經過，我的直覺立刻告訴我：她一定是朝聖者！從來沒看過一個阿嬤願意當背包客，還背著這麼大一個背包，上面掛滿花朵和布偶。

我不禁上前主動打了招呼：

「嗨！英文？」

「一點點。」

我於是改用義大利文，「朝聖者？」

「對呀！你也是嗎？」

阿嬤聽我這樣問，眼神整個發亮
了！開心的上來擁抱我。

「天啊！你是我第一個遇到的朝聖
者。」

「你也是。我從斯洛維尼亞走過
來，一路都沒有遇到任何人。」

「我從我的國家尼德蘭出發，也都

沒有遇到任何朝聖者。噢！這一路的天氣真的很糟，在比利時，還有一兩天面臨暴風雨，完全沒辦法走，最後只能坐火車跳過一些路段。」

「我在斯洛維尼亞和義大利也是雨下個不停，而且又冷，我可以跟你一起拍一張照片嗎？」

阿嬤的出發時間是三月，從尼德蘭一路南下，要走到義大利的羅馬作為這趟朝聖之路的終點，一路走來，遇到不少風風雨雨，但也有很多美好的人、事、物。我們聊著各自的奇遇，聊也聊

站在羅馬劇院上方的公園
遠眺維羅納整座城鎮

不完。朝聖之路之後，她還要一個人坐飛機到越南和女兒會合。小小一隻身高才一百五十公分左右，卻一個人背著大背包走，真佩服她的行動力。

阿嬤問：

「你今天睡哪裡？」

「我今天是沙發衝浪，就是睡在某個願意接受旅客的陌生人家裡，可能是床，也可能是客廳沙發。」

「我今天訂旅館，但現在有點搞不太清楚方向。」

「我來幫你看看。」

尼德蘭阿嬤的朝聖護照

接過阿嬤的手機,啟動 Google 地圖與我的人腦 GPS,我帶著阿嬤穿過大街小巷,總算來到她下榻的旅館。陪她放好背包後,我們一起散步到旁邊的咖啡店,曬著太陽、喝著咖啡,在溫暖陽光下,一起享受健行後的放空,最後和她再次擁抱說再見。

此時此刻,不知道阿嬤身在何處,但相信她正走在自己美好的人生路上。

再見朝聖者

一

雷蒙是個不會說英文的法國大叔，卻是我在法國境內唯一交心的朝聖者。回想見到他的瞬間，其實有點窘……哈哈哈。

六月十日，也就是被法國沙發主放鳥的那一天。一早回到路線上，我繼續朝芒代利厄拉納普爾前進，過了旺斯（Vence）小鎮即進入一片森林步道，突然一陣尿意湧上，雖然放眼望去只有我一個人，但也不可能明目張膽直接在步道中央上廁所。我一邊走一邊尋找適合解放的地方，恰好行經一座小橋，小橋一旁有樹叢，看起來挺適合的。我迅速往樹叢走去，用最快的速度釋放膀胱裡的壓力，再急急忙忙拉上褲子，就在不到幾秒的時間，雷蒙正好從橋上走來，我不禁暗暗大喊：他應該沒看到，對吧？

和他打了招呼，才發現到他背包上的貝殼，心情頓時變得很興奮，總算遇到第二個朝聖者了！但這時候的我連住在聖拉斐爾的羅伯特都還沒遇上，連跟居民要水的正確說法都還沒學到，法文能力只有簡單的你好（Bonjour）、謝謝（Merci）、再見（Au Revoir）、是（Oui）、不是（Non），根本沒辦法

與雷蒙在旺斯相遇的第一張合照

左｜這一天雷蒙開始成為我照片中的人物
右｜與雷蒙再度遇上之前，總算有機會在
　　聖吉萊的庇護所把背了一個多月的
　　背包背負系統刷了一下

與雷蒙對話，雖然他想盡辦法一邊說法文、一邊比動作，但有些溝通真的很難。

雷蒙的出現，在這法國郊區顯得很超現實，我這一天也幾乎都有了人陪伴左右，有時候我在前方，有時候是他，也讓我發現一件很有趣的事情，那就是雷蒙的水袋裝的是香檳，不是水……哈哈哈，這就是法國老人的健行風格嗎？突然很想念台灣的黑松沙士，每次爬完山，喝一口黑松沙士或是可樂，都覺得好爽啊！我們就這樣一前一後的走著，走了約 20 公里來到雷蒙休息的庇護所前。這時發現雷蒙拿出的資料是我從來沒看過的，是法國路線的庇護所資料，我趕緊向他借來，拍下重要的資訊，然後和他道別，繼續往前進。

我沒想過還會再遇見他，因為我們的腳程不一樣，或許連休息的小鎮也都不一樣，所以太有可能過了今天，就沒有明天了。

在聖吉萊小鎮，再度強烈的感受到朝
聖之路的氣息，小鎮的護欄、盆栽、
水管上都可以看到滿滿的標誌

　　意外的再次相遇，已經是過了一個
多星期的事了。

　　六月二十一日，我告別了梵谷畫筆
下的城市亞爾，朝聖吉萊（Saint-Gilles）
出發，這天的路線平坦到可以拿著手機
邊走邊看電子書，這是我從法國之路上
遇到的澳洲朝聖友人身上學來的，覺得
漫漫長路自己一個人走著，如果可以像
他這樣邊走邊看書，感覺很充實，而之

前往加拉爾蓋萊蒙蒂厄（Gallargues-le-Montueux）前的沿途風景

後過了兩個月，我也不知不覺看完五本東野圭吾的作品。邊走邊看書的過程既微妙且衝突，當我沉浸在小說鋪陳的劇情裡，彷彿自己身處書中的世界，但一抬頭……有種強烈的空間錯置感，就像小叮噹的任意門，上一秒還在日本，下一秒就到了法國。

來到聖吉萊，時間還有些早，雖然下午三點才能夠入住庇護所，但值班的法國女士很好心地讓我提前入住。填寫資料的時候，她告訴我還有幾位朝聖者也會入住這裡，讓我有點既緊張又期待。太長時間一個人沙發衝浪、露營或待在庇護所，都快讓我忘記什麼才是正常的朝聖者「室友生活」，甚至都還沒去買耳塞這項助眠神器。享受一個人在庇護所的時間，有效率的洗了澡、洗了衣服，還有背了一個多月的背包。忙完，到小鎮晃了一下，順便參觀小鎮有名的世界遺產——聖吉爾修道院（Abbatiale Saint-Gilles du Gard）。

走回庇護所途中，沒想到就在門口看到雷蒙，他正在庇護所對面的酒館和店員聊天。近兩週沒見，一開始自己也不太確定是不是他，他的長相在我腦海裡已逐漸模糊，直到這一刻才又突然清

法國的朝聖之路 GR653 指南書

晰起來。和他擁抱後，我帶他到庇護所另一側入口找那位法國女士，確定他一切都安頓之後，我又拿著速寫簿回到小鎮上，尋找有靈感的角落，結果又意外的在不同地方撿到兩位朝聖者，一路撿下來，讓我覺得自己今天是來打工換宿的。因此，除了雷蒙外，今天還多了一位法國人與德國人。

難得這麼多朝聖者（是我截至目前遇上最多人的一次了），索性把庇護所的環境以及放置在各個角落的背包畫了下來，作為紀念。往後的兩三天，我和雷蒙以及那位德國人都下榻在同一家庇護所。雷蒙知道我不會法文，很熱心的問我接下來一週在哪個小鎮休息，看是否需要幫我打電話訂房，之後即使沒有同住，也像一位默默關心的長輩，透

在蒙彼利埃，第一次看到有一群人在街道上速寫，覺得很興奮

在蒙彼利埃庇護所登記入住時，協助資料填寫的女士聽到我來自台灣，很開心地告訴我先前也有其他台灣人入住過

過 What's App 和我打招呼，問我是否都好，而我會傳訊息告訴他得知哪個路段必須做好心理準備等。雖然所有往來訊息都是用法文，但感謝偉大的 Google 翻譯，讓我們之間的溝通毫無障礙。而有時以為我們分別下榻不同小鎮了，不料隔天下午當我抵達庇護所門口，他也出現在街口了。感覺就像有一條隱形的線，默默繫在彼此的身上。然而過了蒙彼利埃（Montpellier），我順利的幾乎每天都有找到沙發衝浪，之後有三星期和雷蒙完全沒有聯繫，我都快不確定他

前往莫布爾蓋與雷蒙碰面前的沿途風景

是否還在這條路線上了，也許他已和其他我遇到的法國朝聖者一樣，走到圖盧茲（Toulouse）就結束行程了。

七月十一日，這天一早我從聖克里斯托（Saint-Christaud）離開，走著走著，竟收到他的來訊。

「我的小朝聖者呢？她現在在哪裡呢？」我立刻把位置分享給他。

「明天我即將朝著 GR10 前進，再也見不到你了，（哭臉表情）給你一個大大的溫暖擁抱。」

這個訊息衝擊了我，讓我驚覺有需要和雷蒙好好說再見。於是馬上查了在莫布爾蓋（Maubourguet）的住宿資訊。

「你今天是住這邊嗎？」

「我下午四點會到克洛蒂爾德街（Clotilde rue）上。你今天會走幾公里？」

「30 公里。」

「你明天會到哪裡？」

「莫爾拉阿（Morlaas）。」

我沒有告訴他我的決定，逕自走到莫布爾蓋。來到雷蒙下榻的休息處，從他看到我的表情可以知道他有多開心。

了，我們必須分開了。」

我們緊緊擁抱說再見，看到他眼眶裡也在打轉的眼淚，我終於再也忍不住了。我曾在另一個庇護所遇到一位法國女人，她說：

「你不會法文，就不可能會有朋友。」

這句話讓我相當不服氣，她憑什麼在短短不到十分鐘的相遇裡，就斷言我不可能會有朋友。此刻的我更是巴不得大聲告訴她：

「胡說！我可是有朋友的！」

我畫了一張屬於他的似顏繪送他，他感動得抱著我說謝謝，很珍惜的把它放在自己的皮夾裡。

隔天一早，我和他一起在六點出發，這是我們最後一次一起出門了，臨走前請民宿女主人幫我們拍了一張合照。太陽在我們後方緩緩升起了，氣溫微涼卻很舒服，空氣中混合著泥土與田野的味道，雷蒙在我前方很有精神的唱著法國朝聖歌曲，我忍著眼淚跟在後面，生怕他一轉頭發現我哭了。

終於來到分道揚鑣的岔路了，他指著路牌說：「從這邊我就要改走 GR10

從莫布爾蓋一早出發至其他城鎮前，與雷蒙的最後一張合照

意外開啟新技能

—

六月二日，在熱那亞休息一天後，繼續背著背包朝向義、法邊界前進。這是我邁入 Via Della Costa 這條路線的第一天，我很喜歡這天的風景，雖然走的大都是柏油路，但有一種走在台灣貢寮腳踏車步道的錯覺，除了徐徐吹來的海風外，臨海的沿途也有很多腳踏車租借點，行進間也穿過不少隧道。

在抵達科戈萊托（Cogoleto）的數天前，聯繫的當地沙發衝浪依舊沒有著落，詢問過程中，一位名叫吉安路卡（Gianluca）的義大利人雖然無法接待我，但得知我有一頂帳篷後，就這樣告訴我：

「如果最後你仍然找不到沙發主的話，瓦拉澤（Varazze）和科戈萊托之間的任何一處海灘都是睡覺的好地方。」

從熱那亞出發繼續朝義、法邊界邁進

「但在沙灘上露營真的可以嗎？我不希望招來警察的盤問。」

「我就經常這樣做，現在不是旅遊旺季，早上沒有人在海灘上！真的沒關係，請相信我，只是切記不要去城市附近的海灘！瓦拉澤和科戈萊托之間的海邊有一條步道，僅供步行和騎自行車。你在日落之後紮營，日出時移除帳篷，是合法的，雖然我通常睡到很晚……哈哈，祝你旅途愉快。」

上｜等沙灘上的人散得差不多時，才把帳篷搭出來
下｜重機阿伯給的可樂與啤酒

因為他這一番話，讓我決定露營了。來到他說的步道上，感覺似乎就如這位義大利人形容的那般。於是便開始尋找適合搭帳篷的地方，趁著眼前人多，剛好可以預測哪裡能避開人潮。皇天不負苦心人，就在步道的某處隧道前，翻過圍牆往下走數公尺便有一區海灘，雖然還有不少遊客玩水、曬太陽，但隨著時間推移，人群也有慢慢減少的趨勢。

暫時先把背包放在預定搭帳篷的地方，天還亮，決定不浪費大好時光，躲在角落躡手躡腳迅速換上泳裝，轉身衝

入海水，把玩水當洗澡。只是對一個亞熱帶地區的人來說，即便已是六月天，這裡的海水還是讓人冷得發抖，稍晚海水裡冒出成群的淡紫色水母。再度回到岸上，發現我放背包的空地，多了一位重機阿伯也在曬太陽。阿伯來自義大利米蘭（Milan），我們於是聊起天來，話題依然圍繞在「我來自哪裡？」「為什麼我在這裡？」等等。阿伯聽到我是用走的，而且還有上千公里要走，連忙送了我不少禮物，水果、可樂、啤酒。多了一瓶啤酒，晚上應該可以好好睡上一覺了。

萬萬沒想到阿伯臨走，又跑回來告訴我：「我覺得你是個幸運星，可不可以從 1 到 90，寫三個數字給我？」

哈哈哈……天吶！我都不知道自己有報明牌的特異功能！

第一筆速寫賺得的旅費

一

從小，爸媽就讓我接觸繪畫，我很喜歡小時候學畫的過程，但與其說是學習，不如說是玩。有時候老師會放宮崎駿動畫給我們看，接著讓我們想著片中出現的角色，創作在畫紙上，或是運用各種媒材，自由地去玩組合。

上了國中，因為媽媽的一句話：「你想要考美術班嗎？」就這麼被帶進了畫室，學習所謂科班的國畫、素描、水彩，也順利考上理想的學校，就這麼一路從高中美術班、大學美術系，直到多媒體研究所畢業。儘管創作的媒材不一樣，但我想我是真的喜歡看各種不同類型的平面作品，不論是設計或是藝術。

然而學習過程裡，風景寫生始終是我很痛苦的一塊！我偏愛自由自在的創作，打從小時候參加寫生比賽就是我的夢魘，每次打完草稿、水彩上一上，就想回家了，壓根想不到現在的我卻畫起了風景與城市速寫。這樣的轉變，讓我不禁細想其中原因究竟是什麼？

我想，很重要的一點應該是想從電腦脫離，回歸到手繪吧！

開始接觸速寫課後，跟著老師到台北市各地實際速寫，或是自己擬定一個三百六十五天速寫計畫

一開始拿到鋼筆時，有時間便到不同的甜點店畫畫與看書

　　大學三年級，開始接觸各類平面設計與影片剪輯的電腦軟體，研究所畢業，出了社會工作，經手的作品不管是為了工作或是為了個人創作，也都完全依賴電腦，手繪對我來說反而很陌生。二〇一八年，我第一次進出版社工作，發現設計師同仁人手一支鋼筆，讓我滿驚訝的，是一種有別於電腦之外，更貼近手繪草稿的文化。另一個原因，那就是我覺得拿著鋼筆快速畫草稿很帥氣！哈哈哈……是的！就是這樣膚淺的原因，但也因為下筆後就很難再修改，不像電腦還可以按幾個鍵，回到上一步，顛覆了我一向喜歡一再塗改的習性，於是我馬上跑去買下人生第一支鋼筆，開始了我的鋼筆繪圖人生。我的第一幅鋼筆畫是在甜點店完成的，對象是即將被我吃下肚的糕點，既然都要被吃了，當

然必須幫它好好留下生前的樣貌，這樣才對得起荷包。

　　經過幾幅甜點畫以及給朋友的卡片後，一支鋼筆與幾張空白明信片就被我帶上了法國之路，不過，僅僅想用手繪明信片給路上相遇的朝聖友人而已。

　　完成法國之路回到台灣，很後悔錯過了用繪圖記錄法國之路的機會，然而對於風景速寫這一塊，仍舊很難跨出第一步，況且一直不太明白網路上看到的速寫作品，究竟是先水彩打底再畫鋼筆線稿？還是先畫鋼筆線稿再上水彩？難道線條都不會暈嗎？決定乾脆去上幾堂速寫課解決心裡的疑惑。

　　我不斷摸索著自己喜歡且不感到痛苦的速寫方式，總算讓鋼筆、水彩和眼前風景能夠自在相處，進而也擺脫了我對風景寫生的噩夢。現在，速寫變成了我記錄當下風景的工具，如同日記般，也從來沒想過要利用速寫賺取費用，但意外的竟在法國聖吉萊第一次出售了自己的作品，對象是一對來自奧地利的夫妻。

　　六月二十一日，也就是我第二次遇到雷蒙的這一天。當天下午，忙完所有健行瑣事，來到庇護所門口的石階上和德國小子一起發呆。一群人正在對面新開的酒館前喝著各式各樣的紅、白酒，好熱鬧啊！

　　這時，一位男子走向我們：

　　「你們喝酒嗎？」

　　我們兩人開心的同喊：「喝！」

　　「一起來吧！這是給你們的白酒！」

　　喔喔喔……天啊！有種天上掉下好康的感覺。健行後的放空裡，酒精是人類最好的朋友！我這才知道原來是新開張的酒館，邀請各國合作酒商同聚而辦的品酒會，不只紅、白酒可以暢飲，現場還有各類配酒小點可吃，對每天吃法國麵包配水果的我們來說，這些點心簡直就是珍饈，更重要的是還可以省下這天的伙食費！

　　或許喝了白酒後的飄然，讓我頓時很想拿起筆來畫畫，於是連忙回房間拿出速寫本與鋼筆，再到石階上配白酒，

在聖吉萊這天，意外遇上新店開張與品酒會，獲得無限喝的好酒

邊畫邊享受，溫暖的太陽，心中洋溢著小確幸。

幾杯酒下肚，興致一來便將眼前的活動速寫下來

不久，開始陸陸續續有人過來看我畫畫，試著用簡單的法文或英文與我互動：

「你畫得好棒啊！」

「你一個人嗎？怎麼會到這裡？」

「太厲害了！」

「酒夠喝嗎？要不要再來一些？」

我都覺得有點不好意思了。

其中一位先生說著一口相當流利的英文：

「哇！你畫得很不錯！」

「謝謝！你的英文很好。」

「我從維也納過來的，這家酒館邀請我們來這邊。」

「原來如此！（指著圖畫）這是你跟你太太，還有你們家的狗！」

「哈哈哈⋯⋯⋯我很喜歡這幅畫，可以跟你買嗎？你打算賣多少錢？」

「嗯⋯⋯我沒有賣作品的經驗，我不知道該怎麼跟你說。」

「嗯⋯⋯那二十歐元可以嗎？」

「好啊！好啊！當然沒問題！」

聽到這金額，我差點高興得叫出聲。雖然看過朝聖者拿自己的手作藝品沿路販售，賺取健行所需的費用，但完全沒想過自己的作品也可以獲得收入。套句大家很常在這段時間裡對我說的一句話：

看吧！早就叫你擺攤了！

購買我的速寫作品的奧地利夫婦

FB串起來的連結

—

　　二〇一八年四月，心情正處於低迷之際，網路上看到一位動物溝通師的分享：

　　「我想建議低潮的人，去做『任何』你喜歡的事情吧。不帶預設立場，不帶任何設想，去做喜歡的事情『並且分享』。」

　　這段話完全擊中了我，內心像是燃起一把熊熊的火，推著我從台灣出發前往西班牙完成法國之路，更讓我回到台灣，萌發建立一個可以說說個人朝聖經驗網站的想法，甚至參加了速寫課程，並把自己的作品分享到網路上，這一連串「去做喜歡的事情並且分享」，便是我的 FB 與 Instagram 公開專頁的誕生，得以將私人生活與公開資訊做一區隔。

　　各種關係的串聯中，FB 的功能真的滿強大，連數十年沒聯絡的國小同學，都開始有了聯繫，雖然並非每個人都是使用者或者每天使用，卻幫我在健行這段時間裡牽起不同的緣分。二〇一九年四月出發前，我利用 FB 搜尋各國朝聖之路的相關社團，除了問題詢問與資料蒐集外，也在各個不同的社團發文，向社團裡的外國人打招呼。

　　「嗨！我是來自台灣的 Hazel，我一個人從斯洛維尼亞出發前往西班牙聖地牙哥，我使用沙發衝浪也喜歡認識新朋友，希望能在路上遇到大家。」

　　陸陸續續收到一些當地人的留言，除了祝福，也有人詢問我目前走到哪裡，意外的讓我有機會在斯洛維尼亞傑爾（Jaro）、蒂娜（Tina）以及義大利的馬帝亞的家借住了一晚。

一個人走著，偶爾也滿希望能在路上遇到朝聖者，因此在第一天完成斯洛維尼亞健行的下午，我便在該國的社團留言表示目前正在此地走朝聖之路，過了五小時左右，我收到了第一個人，也就是傑爾的回應。

傑爾，一位退休教師，和他老婆都曾經是朝聖者，對於西班牙朝聖之路充滿熱情，喜愛西班牙想要移民到那兒居住。

「哈囉！Hazel，你現在在哪裡？」

「我正在杜布羅夫尼克，今天會抵達柳托梅爾。」

「我住在柳托梅爾附近，我們可以約見面，下週的天氣預報很不錯，滿適合步行的。」

我馬上私訊他：「嗨，我是 Hazel。謝謝你的留言，請問您住在哪個城鎮呢？」

「哈囉，你好，我住在多姆札萊（Domžale），但我可以到朝聖之路線上的卡姆尼克（Kamnik）接你，隔天早上再帶你回路線上。我們家客廳的沙發很大，正等著你。」

「太感謝了，我很樂意也很榮幸可以成為你的客人，請問四月二十四日抵達卡姆尼克方便嗎？」

和傑爾碰面後，便陪著他和他老婆在附近晃晃

生怕我餓著的傑爾太太

斯洛維尼亞的飲食習慣就是一天有兩個比較正式的餐，其他時間只吃一點不會餓的小東西而已，不會是像這樣煮得很豐盛

傑爾他們送給我的紀念徽章

「沒問題。我退休了，所以可以調整日常作息。」

「真的非常感激，如果我到盧布爾雅那，它會離你很遠嗎？」

「我住在 15 公里外的多姆札萊，位於卡姆尼克和盧布爾雅那之間。」

「啊……了解了！那我快抵達了再跟您說一聲。」

「希望這幾天我不需要再打電話給你，否則那意味著我又被警察攔住了……哈哈！」

「哈哈……別擔心，我是 Via Postumia 籌畫者多年的好友，你留言的社團也是我負責管理的，所以很樂意幫你解決路上遇到的問題。」

就這麼結下了和傑爾的緣分，到了卡姆尼克還陪他和他老婆兩老一起在住家附近散步，聽著他們介紹東、介紹西的，獲得一些關於斯洛維尼亞在地的文化特色。他們也帶我到購物中心去補貨，加上應接不暇的餵食行動，儼然是家裡的爺爺奶奶。

蒂娜則緊接在傑爾底下留言，她的留言也讓我在斯洛維尼亞的第一週又驚又喜。

「Hazel，我來自維帕瓦（Vipava）附近的一個村莊，如果您需要住宿的地方，我很樂意幫忙！歡迎隨時與我聯繫！」

前往蒂娜家的前一天，斯洛維尼亞的天氣並不好，甚至可說是風雨交加，我在雨裡邊走邊發寒，加上生理期到來，剩下不到 5 公里左右的路程，內心裡還是不停喊救命。或許老天爺聽到了，不久一位女駕駛把車停了下來，表示願意帶我到目的地。我二話不說馬上接受這番好意！

我與蒂娜的合照

隔天起床後，天氣仍舊沒有好轉，只能趕在大雨之前，盡速地把這天該走的距離完成。來到蒂娜住的小鎮，抖著雙手掏出手機尋找她家的位置，相當狼狽。但這天結束得早，反而有時間和蒂娜聊天。我聽了她之前在加拿大打工度假的生活，還參觀了她家的百年酒窖，品嘗她媽媽親手自製的醃漬番茄。

在蒂娜的家裡，有一處擁有百年歷史的釀酒區，雖然現在已沒再使用，但是協助他們家整理葡萄園的一位大叔仍舊會拿葡萄酒過來給他們

蒂娜的媽媽醃得一手好醬菜，讓他們在冬天仍有不同的食材可食用，她也拿了媽媽自製的油漬番茄讓我嘗嘗看

義大利的馬帝亞也是。這些透過FB留言或私訊給我的外國人，大家的共識就是朝聖之路，即使還未成為朝聖者，也希望未來某一天能夠踏上這條路。同為外國人，我從斯洛維尼亞走到西班牙的舉動，似乎在他們心裡播下了好奇與關注的種子，誠如很多人遇到我或與我談話後，總會說：

「一個從台灣來的外國人都已經在路上了，將來有一天我也可以走上這條路。」

總覺得自己很像一面活動看板，正在幫這些國家的朝聖路線打廣告，有些外國人甚至因此才知道這條路線，又如走在西班牙的時候，突然有人叫住我，詢問我是否就是那位正從斯洛維尼亞走到西班牙的台灣人，只因為她追蹤我的個人專頁，頓時覺得FB真是神通廣大啊！

偶爾我會在台灣相關社團分享一路發生的事情、風景或資訊等等，這些互動也促成了我在法國之路的起點——聖讓皮耶德波爾，與兩名熱心的台灣小女生碰面，給了我兩包咖哩以及泡麵，回味亞洲食物的美好。

唯有德巴（Deba）的倩琦，是透過她在台灣的朋友輾轉認識的。倩琦是位

上｜馬帝亞與他的女友，還有他們家兩隻可愛的貓
下｜送給馬帝亞情侶的似顏繪與留言簿裡的留言，看到這個本子才知道先前也有一些朝聖者在他家住宿過

完全沒有在用 FB 的人，完全不知道我的存在，也不知道我正在走朝聖之路，遇到她之前，最後一次說中文約莫一週前了。

七月二十日一早，抵達西班牙北方之路的起點伊倫（Irún），在我不斷更新近況的 FB 專頁上，收到一封來自台灣追蹤者的私訊：

「在德巴的庇護所有一名台灣志工，你如果經過或是去住宿，可以找她，她叫林倩琦，是我的朋友。我是 Muhua，追蹤你很久了，庇護所的名稱叫 Albergue de peregrinos Geltoki。」

這封訊息讓我原本計畫走過德巴直接到蘇瑪伊阿（Zumaia）休息，轉而改至德巴。因為很好奇正在庇護所當志工的倩琦，也很懷念中文。不過，內心也有很多小劇場：

「等一下該怎麼打招呼？她知道我是誰嗎？」

「我應該先主動開口？可是萬一不是她怎麼辦？」

隨著走上庇護所的階梯，我內心的尷尬並未減少，幸虧倩琦一看到我的資料，立刻就說：

「你是 Hazel 對吧？」

「……對。」

「歡迎，先來個擁抱吧？」

即便這一刻，我還是不停想著：

「天啊！天啊！我剛走完路，全身超臭的，可不要被我的味道薰倒！」

直到我放下背包、洗完澡後，在庇護所外的大樹下，正好遇到倩琦接待完剛湧進的大批朝聖者，朝我走來，我立刻笑著說：「我洗完澡了，可以好好的擁抱你了。」

瞬間千萬個感觸湧上心頭，眼淚就這樣掉了出來，連我自己都不明白為何如此激動，直感覺想念台灣的某一按鈕，瞬間被觸及了。連一旁原本和我聊天的加文（Gavin）都不禁好奇問我怎麼了。

「一個人在國外旅行久了，一直說著不是自己的母語，你會很想念有機會說說，也會很想念自己的家鄉。」

在德巴的這一天，倩琦給了我不少同鄉人的溫暖，帶我跟加文在德巴小鎮的酒吧品嘗當地美食，隔天還送我她珍藏的巧克力與不少行動糧，這一場相遇穿越在虛擬與現實之間，如同 Muhua 在我照片上回覆的留言：

「看到現實世界的朋友和虛擬世界認識的朋友，居然在同一個畫面一起出現，對我來說，這是件神奇的事。」

倩琦帶著我和法國小哥在德巴到處走走晃晃、吃些東西

原以為所有的奇遇皆已畫上句點，不料就在整趟冒險的終點，也就是聖地亞哥大教堂前，竟然讓我遇到一位最驚訝的人，那就是來自嘉義的叔寬。在我確定即將於八月十六日抵達聖地牙哥時，便在台灣的朝聖之路社團詢問是否有人同樣也在這一天抵達，因為很想念講中文（到底是有多想）。於是就這樣與一名來自香港的媽媽約好當天碰面。

當天下午，處理完住宿問題，依約來到聖地牙哥大教堂前的廣場，與香港媽媽開心打完招呼後，和她同行的叔寬引起我的注意，忍不住好奇問了她：

「我覺得你很眼熟，你的聲音、樣子，想不起來在哪裡看過。」

「可是我對你沒什麼印象耶，我老家在嘉義。」

「我老家也在嘉義！只是都在台北工作、念書。」

「啊……我現在在教會工作。」

「嗯……可是我不是教徒，不太可能在教會看過你。」

「我之前在XX路的照相館工作！」

聽到路名和「照相館」這兩個關鍵字，突然所有記憶全都串聯了起來，我壓抑著內心的激動，緩緩把手放在叔寬

隔天一早出發前，倩琦還
把她珍藏的巧克力送給我
當行動糧，好感動

與叔寬同行的朝聖者們一起吃個中飯，
重溫說中文的懷抱

高中畢業十多年後，居然在聖地牙哥教
堂前廣場與叔寬相遇

的肩上說：

「我是嘉中畢業的。」

當我一說完「嘉中」，叔寬幾乎尖叫著：「你叫什麼名字？」

「育華。」

「啊！天吶！育華喔！我完全記不得你，你跟高中的時候差太多了啦！你們全家人的名字我都還記得啊！」

我們興奮的擁抱後，轉而向香港大媽解釋。雖然我進入大學後，就很少回老家的相館洗照片，但在之前，我家人的相片包括相機都是交叔寬先前服務的相館處理。而高中時代的我和現在的我相比，大概差了將近十公斤，莫怪叔寬完全認不出來。算算我們也將近二十年沒再見了，萬萬想不到竟然會在距離台灣幾萬公里遠的聖地牙哥重逢，怎能不興奮！而這一切又是透過 FB，我們已經遺失的聯繫，藉由虛擬世界重新串聯回到現實。

傑克！這真是太神奇了！

下｜終點站 Santiago de Compostela

大家心中的勇敢

—

　　回國至今，不斷聽到有人對著自己說：「你太強了！」「你好勇敢喔！」但這些讚美聽在心裡卻感覺不太踏實。我反覆想著這份不踏實到底為何？

　　是不是因為我的目標其實是太平洋屋脊步道？所以比起該步道上會遇到的種種困難，那些不可預知的野生動物，響尾蛇、山獅、棕熊等等，還有未知的路況，朝聖之路充其量只是個暖身，這是一個長達四個月的暖身？這世上還有很多人完成比自己更辛苦的路線，而我做了一個較適合女生一個人獨行的選擇。

　　或者因為偶爾接受了幫助，搭了幾次不到 5 公里的便車，所以某種程度我也算作弊了，並不符合「你太強了！」這說法？可是全程徒步、不寄送行李這項舉動，我已在西班牙的法國之路實踐了，難道就不能改變這次的健行方式，接受別人的善意，多些機會和外國人聊天、交流文化嗎？畢竟我是走在西班牙以外的國家，幾乎遇不到任何朝聖者，少了同儕互動，搭便車這等好事也沒在西班牙遇過，我深信這是我努力過後，老天爺賞給我的小禮物。

或者是自己謙虛過頭了？明明一個女生長達四個月獨步、橫跨四個國家，確實是件很厲害的事情，只因為我有不少台灣的登山經驗，所以把這件事情的難易度想得太輕鬆了？正因為如此，當有人問及，我不知道該用什麼樣的標準跟對方說，生怕我的標準對他們而言太高了。

各式各樣的自問自答不斷在心裡盤旋，即便完成這長達 3000 公里之征，回到台灣的我，也還是想著：

數千公里完成了，然後呢？路上的我感覺很偉大、很敢衝，回到台灣的我似乎很平凡。

這些稱讚說的可是我的另一個分身？另一個還在歐洲的 Hazel，而不是正在台灣想著未來該如何的鴨寶。諸多不適應包圍著我，讓我有股不屬於任何群體的感覺，用一種第三者的視角很抽離的看著台灣朋友的忙碌，一個人靜靜活在另一個平行時空裡。

在自己的臉書上說出這樣的心情，才發現朋友其實一直都在默默關心我這一年的一舉一動，紛紛浮出水面留言給我：

「做自己喜歡的事是很棒的信念！卡住的時候還是要停下來想想大家，你一個人不孤單喔！」

「有信念的你很令人著迷！低潮在所難免，我的內心小劇場也是一堆，雖然是不同個體，但一起為自己的生活打氣加油！」

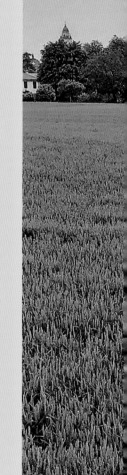

「雖然你說只是選擇適合女生的步道，但多數人包括我自己都沒辦法真正踏出那一步，所以我是真覺得你很強，勇於踏出那第一步！」

作家謝哲青曾說過，若出國是為了逃避現實，那回歸到現實後問題仍然存在。出門之前的我，是個安穩的上班族，在國外這一年裡生活很簡單，扣除匈牙利打工之外，剩下的只有吃飯、睡覺、健行與繪圖，然而我仍舊需要面對一個很現實的問題——錢！若生活陷入「工作賺錢——疲乏了就出國散心——沒錢了就回台灣繼續工作」的循環裡，我不知道自己還有多少力氣與歲月可以在這樣的輪迴中！回到設計領域工作嗎？我明白自己已跟這一個領域脫節了，對於公司而言，我並非期望中那一顆賣力又新鮮的肝了。這段時間，曾和前同事聊天，聊到她為何想要去澳洲打工度假，她的一段話引起我的共鳴：

「相較於在辦公室生活，我還滿喜歡付出勞力的工作，所以一直覺得很掙扎。」

現在的我，正嘗試著有別於當一個安穩上班族的生活，3500 公里的健行之後，面臨的現實實驗，是我人生的聖母峰啊！

附錄 裝備圖

食 以一日需求為單位，備妥行動糧（如能量棒、水果等）與飲用水，因部分路段在山區或郊外，有時長達 20 公里，沿途沒有商家或民宅，尤其是西班牙之外。若想好好的犒賞自己，朝聖餐或是當地美食都是不錯的選擇，若有預算限制，超市尋寶或其他朝聖者搭伙會是個很有趣的經驗。

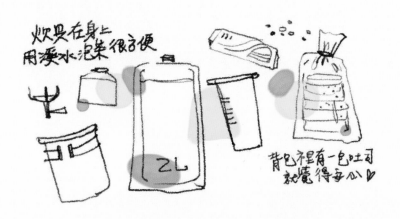

炊具在身上
用溪水泡來很方便

背包裡有一包吐司
就覺得安心

衣 不論行走的季節如何，吸濕、排汗的材質為首選，「洋蔥式」穿搭為聰明的穿法：內層吸濕、排汗，中層保暖，外層防風雨。夏天在外行走六至八小時，長時間曝曬在陽光下，不僅容易消耗體力，也容易中暑，因而除了早起是健行之一的選項外，涼感材質也可一併考慮，而快乾、排汗的材質可以降低汗臭味外，當天清洗，當天晾乾。

春秋季，早晚溫差大，容易遇上雨天，可視情況添加保暖衣物與防風雨外套，防風雨外套的好處是阻擋寒風，提升體感溫度，若再搭配快乾、排汗的衣物，則可減少汗水停留在身上的時間，避免著涼。容易因吹風而頭痛的人，可以使用頭巾，除了戴在頭上避免風寒外，當成脖圍也是一個體積小、好收納且多用途的隨身物品。一雙好的機能襪也很重要。有別於棉襪，它會針對腳趾頭、腳底、腳背、腳跟等不同部位，而有不一樣的織法與加壓強度，減少皮膚與織物、鞋子之間的摩擦所引起的水泡，羊毛材質也能減低腳的汗臭味。很常聽到「一薄一厚」穿襪法，此為早期的登山穿法，現在織物的技術進步，長時間行走會造成雙腳腫脹、悶熱，一雙好的機能襪即可應付，「一薄一厚」穿搭法反而不適合長時間健行的需求。

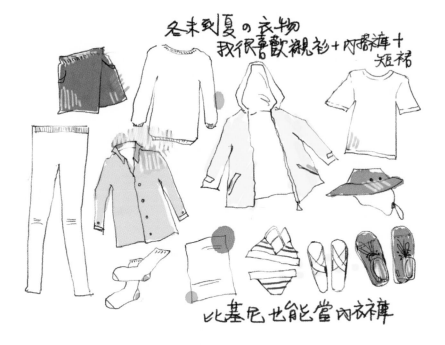

冬末到夏の衣物
我很喜歡襯衫＋內搭褲＋短裙

比基尼也能當內衣褲

住 因西班牙朝聖風氣與人數多，庇護所的數量也多，較易尋得床位，能隨心所欲的走到哪、睡到哪，不做任何住宿預訂，但六、七、八月是朝聖旺季，尤其是法國之路，建議事先預訂。北方之路公立庇護所多數不提供棉被，須攜帶睡袋。

　　西班牙以外的國家，因朝聖人數偏少，相對的庇護所數量與床位也大為減少，有時甚至管理者不在現場，只在有人預訂的時候開門打掃，因此建議三至七天前預訂，避免撲空。入住捐款性質的庇護所，建議捐款金額不低於 5 歐，若還享有免費的餐點，則可斟酌金額的增加，有朝聖者的捐款，庇護所才有餘裕提供更舒適的入住環境。

　　切記！勿把背包放在床上，這是每位入住者該有的基本認知，因為床蟲是大家最常討論且害怕的問題，骯髒的裝備更容易隱藏危機。若不小心惹蟲上身，除了到藥局購買藥品塗抹外，全身上下的裝備應洗滌並高溫殺菌過。

睡袋　帳篷
充氣睡墊
4個月：背包ㄅㄞㄤ：Ⅲ ?kg

行 朝聖之路並不像登山，一直處在攀爬地形，林道、鄉間小路、公路旁也都很常遇到。匈牙利布達佩斯到西班牙聖地牙哥大教堂之間，在匈牙利與斯洛維尼亞境內，地形多為丘陵，因而容易感到整天處於爬山的狀態。義大利北部則平緩許多，大都穿梭在鄉間小路，接近 Via Postumia 終點──熱那亞前 60 公里左右，步道改為緩陡上，須穿越山林，接著便是沿著海線一路接到法國。剛進入南法的路線，多是緩上坡的地形，越往西法國界前行，地形趨於平坦。而不論是走西班牙的法國之路或是北方之路，若第一天分別在起點聖讓皮耶德波爾或伊倫出發，必須要有翻山越嶺的心理準備，路徑行經海拔最高至一千五百公尺左右。

因此，健行鞋與輕量登山鞋都是不錯的選擇，防水材質為首選，不論是下雨天或是走在爛泥路上，都可為雙腳提供一個舒適的包覆。

若要減低膝蓋的負擔，護膝與登山杖兩者是長途健行的好選擇，水泡用繃帶與肌肉痠痛藥膏更是以備不時之需的醫療物品。

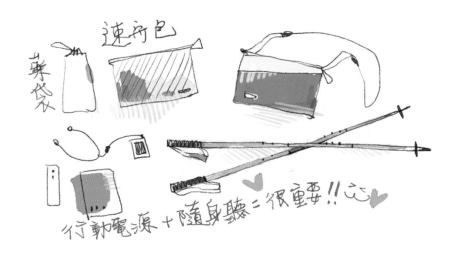

束口袋　速乾包

行動電源＋隨身聽＝很重要 !!

實用網路資源

Szent Jakab zarándokút

匈牙利 Camino Húngaro 路線與朝聖辦公室的官網，共有匈文、英文、德文三種語言切換，內有詳細的 GPX 路線提供下載，住宿資訊以及各路段的說明指引，線上地圖亦明確的標示出住宿點、商店、教堂、餐廳、取水處與印章等位置，辦公室服務時間與聯繫方式提供，利於朝聖者前往資料索取與詢問。

Jakobswege in Europa

此網站由德國人編寫，多年來詳細的記錄歐洲每個國家主要的朝聖之路，GPX 下載、圖文介紹、各類主題探討等，又以德國與周遭鄰近國家的路線資訊最為完整，適合想要親臨西班牙以外的朝聖者們使用。

Jakobova Pot Slovenija

斯洛維尼亞朝聖之路官網，路線成立的歷史由來、活動分享、GPX 資訊、住宿清單等，皆能在網站中獲得，或是加入 Pot Svetega Jakoba-Camino Slovenija 臉書社群與當地人交流，獲取最新消息。

La Via Postumia

義大利朝聖之路 Via Postumia 官網，可在此下載該路線的英文、德文、斯洛維尼亞文、波蘭文、西文等版本資訊，亦有 GPX、住宿資訊、歐洲各國朝聖之路資訊彙整。若想知道義大利境內更多知名的路線如 Via Francigena、Via Romea Germanica、Via di Sant'Antonio，可在 Google 輸入名稱，便可尋得其官網。

Traildino.com

統整了全球包含亞洲、非洲、美洲、歐洲等一千七百多條健行、登山路線的資訊，以西班牙為例，就有多達上百條路線的紀錄，該網站也盡可能詳細的列出各路線名稱、步道距離、預估行走天數、起點與終點、特色介紹與 GPX 等，實用性非常廣泛。

朝聖之路 Camino de Santiago 分享社群 & 朝聖之路‧非走不可

兩者皆為討論與分享朝聖之路的台灣臉書社群，如以西班牙法國之路為例，包含任何疑難雜症的討論、各類交通工具間的轉換、庇護所住宿心得、故事交流等，都可在此處利用關鍵字搜尋到個人所需的資料，適合第一次新手上路的你。

Gronze

西班牙與法國朝聖之路上的住宿資訊，如庇護所床位、價格、有無供餐或廚房、心得評價、城鎮間距離與難易度、簡易路線圖等，應有盡有，部分庇護所床位可連結至 Booking.com 預定。

健行筆記：
西班牙朝聖之路─法國之路

適合第一次想踏上法國之路的你，內容包含路線簡介、各路段的地形狀況、難易度、步道距離、裝備指南、庇護所清單、各類交通轉換資訊、照片分享等，讓新手們可以快速上手。若想了解更多這四個月中，從匈牙利至西班牙所有使用的網路資源，可上〈鴨寶。一個人的 3500 公里朝聖之路資訊分享｜健行筆記〉查閱，或至臉書專頁〈鴨寶 Where's Hazel〉。

國家圖書館出版品預行編目 (CIP) 資料

3500 公里的相遇：一個女孩的朝聖之路 /
鴨寶著 . -- 初版 . -- 臺北市：大塊文化，
2020.06
　面；　公分 . -- (Catch ; 255)
ISBN 978-986-5406-80-6(平裝)

1. 旅遊文學 2. 世界地理

719　　　　　　　　　　　　109005984

LOCUS

LOCUS

LOCUS

LOCUS

Hazel
23.07.2019

15.08.2019
Hazel

LOCUS

LOCUS